120 Recettes
Traditionnelles Françaises
Micro-Ondes

avec la collaboration de Michel TRAMA

Directeur artistique Jacqueline SAULNIER

Photographies Hervé AMIARD

JEAN-PIERRE TAILLANDIER

Pour en savoir plus sur votre four à micro-ondes

Sans le savoir, nous vivons entourés de micro-ondes puisqu'elles existent dans la nature et qu'elles font partie du spectre électromagnétique que nous utilisons pour la radio, la T.V., les radars et que nous retrouvons dans les infrarouges, les ultraviolets et, même, la lumière visible. L'étonnement et parfois l'appréhension de certains candidats usagers, vient de ce que, dans un four à micro-ondes, les aliments cuisent sans feu ni même source de chaleur visible et, par ailleurs, de ce qu'ils conservent leurs couleurs d'origine et même leur forme originelle.

"Ça n'est pas normal", disent les inquiets. "Ça n'est pas vraiment de la cuisine !" renchérissent les sceptiques.

Mais puisque vous nous lisez, c'est que vous faites déjà partie de ceux qui ont décidé de changer leur vie ou, du moins, une bonne partie de leur vie en changeant de façon de cuisiner. Et nous vous souhaitons tous la bienvenue à travers ce livre qui se veut un guide – pour la technique – et un compagnon de gourmandises – pour les recettes – .

Avant "d'entrer en cuisine" comme on entre en religion ou en scène, c'est-à-dire avec passion, il est indispensable de maîtriser parfaitement les quelques règles impératives mais – rassurez-vous – souples et peu nombreuses que vous assimilerez facilement. Ces règles respectées, vous constaterez que la cuisine aux micro-ondes est un jeu d'enfant.

Alors, ouvrons ces pages, moins rébarbatives qu'il n'y paraît, comme nous ouvririons notre four à micro-ondes. L'appareil, un coffre de métal,

comprend une cavité où, sur un plateau tournant se placent les différents récipients de cuisson. Derrière une des parois lisses, le magnétron producteur d'ondes. Ces ondes, analogues à celles de la radio mais un peu plus courtes ont la propriété d'être absorbées par les molécules d'eau que contient, peu ou prou, tout corps, de les agiter et, par ces vibrations, d'une fréquence inouïe (2 450 millions à la seconde), provoquer de la chaleur. A peu près ce que nous faisons lorsque l'hiver nous nous frottons le corps ou les mains pour nous réchauffer. La pénétration des ondes dans les aliments n'agissant que sur une épaisseur de 3,75 cm environ, le plateau tournant a l'avantage de faciliter la pénétration et la bonne diffusion des micro-ondes dans l'aliment. Les micro-ondes n'agissant que sur les molécules de sucre, de graisse et d'eau, traversent certains matériaux sans être repoussées et sans les chauffer.

Le four restera donc froid et propre. Fermé hermétiquement par un système de verrouillage automatique (le four ne fonctionne pas si la porte n'est pas fermée), aucune odeur désagréable ne s'échappera dans la cuisine, aucune chaleur intempestive non plus puisque les parois du four demeurent froides. L'élévation de température se produisant rapidement et directement dans l'aliment à cuire, il n'y a pas déperdition coûteuse de chaleur ni refroidissement brutal de la préparation lors de l'ouverture de la porte.

C'est donc une cuisine en lieu clos, rapide, économique, propre et sûre.

La mise en marche de l'appareil TOSHIBA comprend outre l'affichage de l'heure, du temps et de la puissance de cuisson, un dispositif d'ouverture de la porte, une série de touches digitales graduées de 1 à 9, une commande de marche et arrêt et une minuterie dotée d'un signal sonore de fin d'utilisation (plus de plats brûlés pour les étourdies). Cette graduation de 1 à 9 permet une grande souplesse d'utilisation allant de la décongélation à la grillade en passant par le réchauffage et le mijotage.

Que peut-on cuire ?

Tout mais surtout le poisson, les légumes qui sont "sublimés" par les micro-ondes, les gâteaux qui sont légers et moelleux. Mais les "formes" fermées comme les œufs, la pomme de terre ou les fruits, les saucisses, le homard, les escargots, etc. doivent être percés, ouverts, piqués ou fendus avant de les mettre à cuire pour éviter que la pression de l'intérieur fasse exploser la peau ou la membrane.

Dans quoi cuire ?

Dans tout, du papier au bois, sauf les récipients en métal ou la vaisselle ornée d'or ou d'argent. Certaines matières comme le verre de couleur sont à éviter. Pour réchauffer rapidement, les accessoires en carton, le bois, l'osier conviennent mais pour des cuissons ou des mijotages, des réchauffages liquides ou gras, rien ne vaut la céramique à feu, la verrerie culinaire type Pyrex, du film spécial cuisson conviennent parfaitement.

Comment cuire ?

Jamais plus de 3 ou 4 portions à la fois. La cuisson au four à micro-ondes étant très rapide, conduisez-la en deux fois. Il vous suffira de réchauffer le premier plat cuit pendant que le second repose.

N'employer que des aliments très frais et de parfaite qualité, le micro-ondes s'il exalte le goût et les couleurs, ne peut pas masquer un aliment défectueux.

Disposer toujours la partie la plus étroite, la plus plate (queue de poisson, bout de l'os d'une aile, d'une cuisse, d'une côtelette) vers le centre où la cuisson plus douce, se propage par conduction. Lorsque vous faites cuire des pommes, des tomates, des pommes de terre... choisissez-les toutes de la même grosseur et disposez-les en cercle en laissant le centre libre et en les espaçant entre elles. N'oubliez pas d'entailler la peau (voir § 1). De même les préparations (flans, crèmes, gâteaux) gagnent beaucoup en moelleux à être cuits séparément, en portion individuelle.

A quelle vitesse cuire ?

Puisque vous disposez de neuf positions, vous pouvez "moduler" toutes vos cuissons en fonction de la catégorie de l'aliment et de votre disponibilité pour surveiller. Ainsi une blanquette ou une daube que vous ne pouvez surveiller pourra cuire seule en "mijotage" th. 5 ou 6. Mais la pièce de bœuf à dorer vivement à th. 9 quelques secondes retiendra toute votre attention. Si vous voulez ramollir un beurre trop froid, à peine 2 mn à la plus basse température 1, suffiront. Ou redonner une seconde jeunesse à du pain un peu rassis, couvrez-le de papier absorbant humide, régler le four sur th. 4/5 et compter 5 secondes par tranches.

Quelques plats qui réussissent bien.

Les soupes gardent leur goût de légumes frais et leurs jolies couleurs. Vite préparées, elles gagnent à mijoter dans un peu de liquide que vous diluerez, en lait, en eau ou encore en bouillon au moment de servir.

Les poissons conservent au four à micro-ondes leur bel aspect, leur goût d'iode et leur moelleux. Si vous cuisez plusieurs petits, protégez leur queue placée vers le centre du four, de papier sulfurisé graissé à l'intérieur.

Les légumes doivent être coupés régulièrement et assez petits. Ajoutez un peu d'eau et couvrez. Ne salez pas au début, seulement en fin de cuisson.

Les viandes doivent être tenues à température ambiante avant la cuisson et si une grosse pièce parvient à dorer naturellement parce que son exposition aux micro-ondes est plus longue, il faudra pour les petites pièces, utiliser le plat à brunir. Ne salez pas mais assaisonnez. Pour éviter de salir le four, enveloppez la viande sans serrer, de papier ou de film à rôtir. Pour la cuisson des grosses pièces, un thermomètre à viande vous rendra les plus grands services.

Les volailles seront tendres, fondantes mais pas dorées. Commencez donc la cuisson dans un four traditionnel ou dans une cocotte à brunir. N'oubliez jamais un gant ou une poignée (manipule) pour toucher le plat réchauffé.

Les œufs brouillés, les flans, sont une des nombreuses réussites du four à micro-ondes. Mais si vous faites un œuf sur le plat ou poché, pensez à percer finement le jaune.

Les temps de cuisson – et de repos, à ne pas négliger puisque la cuisson continue après l'arrêt du four – peuvent être modifiés, en plus ou en moins, en fonction de vos goûts personnels et de votre préférence pour le "craquant" ou l'"à point". Mais aussi en tenant compte de la qualité des aliments traités (teneur en eau, sucre et matière grasse), de leur épaisseur et, enfin, de la forme et de la matière du récipient utilisé.

Un premier essai, en minorant les temps indiqués vous permettra de vérifier si la cuisson vous convient quitte à remettre le plat au four pour quelques instants, (il est si rapide, si facile avec les micro-ondes de "fignoler" ses préparations).

Enfin, pour conclure, vous pouvez adapter, ce livre en est la preuve, vos recettes traditionnelles préférées. Vous jouerez sans doute dans l'utilisation conjointe des appareils dont vous disposez jusqu'à ce que, joignant l'agréable à l'indispensable, le four à micro-ondes TOSHIBA soit devenu le compagnon le plus complice et le plus fidèle de votre vie gourmande.

Cuisson des viandes et volailles

Le micro-ondes convient très bien à la cuisson des viandes, surtout si elles sont un peu grasses, tendres et bien fraîches ; les micro-ondes renforçant, vous le savez, défauts comme qualités. Désossez les viandes de préférence et, si vous voulez un bon rôti de porc, de bœuf ou de veau, laissez-le entier : il cuira mieux qu'en tranches. Pensez simplement à retourner et intervertir à mi-cuisson le sens de la pièce. Poser la viande sur un support métallique qui l'isolera de son jus de cuisson.

Le thermomètre à viande (ou sonde de température) vous permettra de contrôler le degré de cuisson, et le plat brunisseur est indispensable pour obtenir une jolie couleur dorée (la peau des volailles sera agréable, même si elle n'est pas croustillante). Encore qu'après 20 mn dans le four à micro-ondes, il se forme, du fait de la cara-mélisation des graisses, une jolie coloration dorée. Là encore, le plat brunisseur sera d'un précieux secours.

En découpant le gibier, la volaille ou le lapin en morceaux, vous gagnerez beaucoup de temps. N'oubliez pas de placer la partie épaisse vers l'extérieur et de retourner chaque morceau sur lui-même sens-dessus-dessous.

Pour les cuissons au barbecue, il est conseillé de cuire en partie la viande au micro-ondes. Vous achèverez sa cuisson sur les braises sans craindre, pour une fois, d'avoir une viande incomplètement cuite à l'intérieur et carbonisée à l'extérieur.

Pour bien saisir, le plat brunisseur doit chauffer 4 mn. On presse les chairs contre le plat pour dorer. N'oubliez pas le repos qui est une prolongation de la cuisson.

Table de cuisson des viandes

AGNEAU			
Côtelette	2 de 225 g chaque	1 mn 15 repos de 1 mn, couvert	Sur le plat préchauffé, cuisez les côtelettes huilées 45 sc sur la 1ère face, 30 sur la 2ème
Agneau sans os	600 g	9 à 10 mn repos : 2 à 3 mn	Faites dorer de tous côtés, puis couvrez. Retournez à mi-cuisson.
BŒUF			
Beefsteak	250 g	1 mn 30 repos de 1 mn	Viande huilée, assaisonnez vers la fin de la cuisson.
Côte	800 g environ	7 à 8 mn repos de 3 mn	Huilée, assaisonnez vers la fin de la cuisson. Retournez à mi-cuisson.
Entrecôte	400 g environ	1 mn 30 repos couvert	1 mn d'1 côté, 30 ou 45 sc de l'autre selon le goût.
Rôti non bardé	1 kg environ	10 mn repos couvert	Roulez-le sur lui-même dans de l'huile chaude pour dorer. Retournez à mi-cuisson.
Tournedos	275 g	1 mn 10 repos couvert	Cuisez 30 sc d'un côté, retournez, assaisonnez et 40 sc de l'autre.
VEAU			
Rôti non bardé	1 kg environ	20 à 25 mn repos couvert	Dorez de tous côtés en roulant dans l'huile chaude Retournez et assaisonnez à mi-cuisson.
Escalope	275 g environ	2 mn environ repos couvert	Retournez et assaisonnez à mi-cuisson.
Côtelette	350 g environ	3 mn repos couvert	Retournez et assaisonnez à mi-cuisson.

PORC			
Rôti	1 kg	20 à 25 mn repos de 5 mn, couvert	Dorez en tournant de tous côtés dans l'huile chaude, assaisonnez à mi-cuisson.
Côtelette	250 g environ	2 mn repos couvert	Assaisonnez en retournant à mi-cuisson. Cuisez 1 mn de chaque côté,

Toutes ces cuissons se font à pleine puissance. Le repos est proportionnel au temps indiqué qui ne peut être qu'indicatif variant selon votre goût et la qualité de la viande.

Table de cuisson des volailles

CANARD	1 kg	18 à 20 mn repos de 8 mn, couvert	Huilez très légèrement au pinceau. Coupez les cuisses à mi-cuisson.
CAILLE	4 pièces	8 à 10 mn repos de 3 mn, couvert	Huilez au pinceau, retournez à mi-cuisson et assaisonnez.
DINDE	Escalope	2 mn 30 repos de 30 sc, couvert	Huilez très légèrement. Retournez à mi-cuisson et assaisonnez.
POULET	1,250 kg environ	18 à 22 mn repos de 5 mn, couvert	Huilez, détachez les cuisses après 10 mn et assaisonnez.
En morceaux avec os	ailes cuisses	5 à 6 mn 6 à 7 mn repos de 2 mn, couvert	Huilez et retournez à mi-cuisson, la partie mince vers l'intérieur. Assaisonnez en retournant.
MAGRET			
d'Oie	4 pièces	5 mn repos : 1 mn 30, couvert	Posez le côté dégraissé dans le plat chauffé. Retournez et assaisonnez à mi-cuisson.
de Canard	4 pièces	4 mn repos de 1 mn, couvert	Posez le côté gras dans le plat chauffé. Assaisonnez en retournant à mi-cuisson.
LAPIN			
Rôti	10 morceaux	14 à 16 mn repos de 3 mn, couvert	Dorez les morceaux dans l'huile, retournez, assaisonnez après 6 mn et couvrez.
En sauce	10 morceaux	18 à 20 mn repos de 4 mn, couvert	Retournez les morceaux après 6 mn, cuisez encore 2 mn puis mouillez (vin, bouillon, eau), couvrez et achevez de cuire. Le jus sera, si nécessaire, réduit, après avoir retiré les morceaux tenus au chaud.

Cuisson des légumes

Ici aussi, le temps de cuisson peut varier, en fonction de la grosseur, de la fraîcheur des légumes. Le pourcentage d'eau contenu diminue au fur et à mesure que les légumes "traînent" à l'air, à la lumière et même au réfrigérateur qui les déshydrate. Tenez-en compte, pour rectifier ce tableau, selon la qualité des ingrédients.

Les légumes conservent, grâce aux micro-ondes, leur saveur, leurs jolies couleurs et leurs principes nutritifs, puisque, en général, vous les ferez cuire sinon dans leur propre jus, du moins dans très peu d'eau (ou de bouillon, de nage, de cidre, de vin etc...).

N'oubliez pas de piquer légèrement les légumes entiers cuits dans leur peau : betteraves, pommes de terre, aubergines etc...

Ne prolongez pas inutilement la cuisson et préférez, pour de grosses quantités, deux cuissons plutôt qu'une.

Prenez soin de fractionner les légumes en morceaux d'égale grosseur, pour que la cuisson puisse être uniforme. Quel désagrément de trouver un fragment mal ou insuffisamment cuit.

Ne salez qu'en fin de cuisson.

A la sortie du four, les légumes continuent de cuire pendant un repos de 3 à 5 mn.

Il suffit, pour achever une cuisson ou réchauffer un plat, de le recouvrir (si vous l'avez couvert) et de le remettre au four 30 secondes ou 1 ou 2 minutes.

Table de cuisson des légumes

ARTICHAUTS	2 pièces 750 g	15 mn repos de 5 mn	Couverts
ASPERGES	500 g	8 à 12 mn repos de 2 mn	Couvertes, avec 1 verre d'eau (ou d'huile), selon grosseur et du beurre.
AUBERGINES	2 pièces 700 g	5 à 6 mn repos de 3 mn	Coupées en deux, sans les éplucher, avec un peu d'eau, un filet d'huile, couvertes.
BLETTES	500 g Côtes	7 à 8 mn repos de 2 mn	Coupées en morceaux réguliers, couvertes, avec un peu d'eau et de jus de citron.
BETTERAVES	2 pièces	20 à 25 mn repos : 6 à 8 mn	Entières, non épluchées, piquées et couvertes avec un peu d'eau.
		15 à 20 mn repos de 4 mn	Ou en petits dés.
CAROTTES	500 g	10 à 12 mn repos de 2 mn	En rondelles, avec 1/2 verre d'eau et 1 noisette de beurre.
CELERI EN BRANCHE	1 pied	7 à 8 mn repos de 3 mn	Coupé en morceaux égaux, avec un peu d'eau et huile ou beurre.
CELERI RAVE	1 boule 300 à 400 g	13 à 15 mn repos de 5 mn	Coupé en petits morceaux réguliers, couverts, avec un peu d'eau ou de lait.
CHAMPIGNONS	250 g	3 mn repos de 2 mn	Entiers, s'ils sont petits, en 4, en 6 ou en lamelles, pour les plus gros. Avec du jus de citron, couverts.

CHOU VERT	1 tête	10 à 12 mn repos de 4 mn	Effeuillé ou en lanières, couvert avec 1 verre d'eau, retournez le tout, à mi-cuisson.
CHOU-FLEUR	1 tête	7 à 9 mn	Divisé en bouquets
	500 g environ	8 à 10 mn repos de 2 mn	Entier
COURGETTES	2 ou 3 500 g	6 à 8 mn	En rondelles, sans eau avec de la matière grasse, couvertes.
EPINARDS	500 g	3 à 4 mn repos de 2 mn	Feuilles entières, lavées, égouttées mais non séchées.
FENOUIL	2 têtes	10 à 12 mn repos de 3 mn	Emincé, avec ail et filet d'huile.
HARICOTS VERTS	500 g	6 à 8 mn repos de 2 mn	Avec 1 verre d'eau, couverts.
HARICOTS GRAINS FRAIS	500 g	8 à 10 mn repos de 2 mn	Avec 1/2 verre d'eau, couverts.
OIGNONS	250 g	6 à 7 mn repos de 2 mn	Hachés, ou entiers s'ils sont petits, couverts, sans eau.
PETITS POIS **EXTRA FINS**	500 g	10 à 12 mn repos de 2 mn	Couverts avec 3/4 de verre d'eau et 1 noisette de beurre.
POIREAUX	500 g	10 à 15 mn repos de 2 mn	Coupés en tronçons avec 1 c à soupe d'eau, 1 noisette de beurre ou 1 c à café d'huile.
POMMES DE TERRE avec peau	75 g pièce	7 mn repos de 4 mn	Piquez et disposez en rond, espacez régulièrement. Couvrez de papier sulfurisé.
TOMATES	4 pièces	10 mn repos de 5 mn	Coupées en 2, avec un peu d'eau, un filet d'huile, des épices.

Table de cuisson des poissons

CABILLAUD	1 tranche 200 g	4 à 5 mn retourner à mi-cuisson	Cuire couvert ou en papillote avec juste 1 larme d'huile ou un petit peu de beurre et 1 c. à soupe de vin blanc sec ou de fumet léger de poisson. Retourner la tranche (darne) à mi-cuisson. Repos de quelques minutes.
DORADE	en filets	4 mn, en retournant à mi-cuisson	" "
	entière 600 g	6 à 7 mn	" "
LOTTE	1 tranche 175 g	4 mn en retournant à mi-cuisson	" " " "
MAQUEREAU	entier 325 g	6 à 7 mn retourner à mi-cuisson	Etêter les poissons. Laisser reposer.
MERLAN	entier 200 à 250 g	3 à 4 mn retourner à mi-cuisson	Cuire comme le maquereau.
	en filets 150 g	2 à 3 mn retourner à mi-cuisson	Cuire comme le cabillaud.
RAIE	350 g	2 mn d'1 côté retourner et cuire 2 mn 30 de l'autre.	Cuire couvert avec vinaigre et fumet. Repos d'1 mn 30, couvert.
ROUGET BARBET	entier 350 à 400 g	2 mn d'1 côté 1 mn de l'autre	Faire chauffer le plat à brunir, cuire avec un peu d'huile d'olive. Repos de 1 mn 30, à couvert.
	en filets 125 à 150 g	1 mn d'1 côté 35 sec. de l'autre	Cuisson en papillote ou sur le plat à brunir préchauffé avec huile d'olive. Repos d'1 mn.
ST-PIERRE	en filets 200 g environ	4 à 5 mn 30 en retournant à mi-cuisson	Cuire comme le cabillaud.
SAUMON	en tranches 150 g de 2,5 à 3 cm	45 secondes de chaque côté	Cuire comme le cabillaud. Repos d'1 mn, couvert.
SOLE	600 g 3 cm d'épaisseur	4 mn en retournant à mi-cuisson	Retirer la peau. Huiler ou beurrer légèrement le fond du plat. Repos d'1 mn.
	en filets	2 mn 30 à 3 mn en tout	Couvrir.
THON	1 tranche 500 g	5 à 6 mn	Plat préchauffé. Cuire avec 1 filet d'huile et retourner à mi-cuisson. Repos de 2 mn.
TRUITE	entière 300 g	4 à 4 mn 30	Cuire avec un peu de beurre ou de crème. Retourner à mi-cuisson. Repos d'1 mn 30.
TURBOT	en filets 225 à 250 g	4 à 4 mn 30	Cuire avec du beurre, un peu de vin blanc. Retourner à mi-cuisson. Repos 1 mn 30.

SOMMAIRE

SOUPES

LE BILLY-BY DE LA MENAGERE

Emincez finement l'oignon et le vert de poireaux. Bottelez le bouquet garni avec les queues de persil. Conservez les feuilles.
- Faites chauffer le plat creux. Mettez la moitié d'huile avec 1/2 cuillère d'oignon émincé et le vert de poireau. Laissez fondre 1mn à pleine puissance.
- Ajoutez les moules, couvrez de film et faites ouvrir, ce qui demande, selon leur grosseur, environ 3 mn à pleine puissance. Laisser reposer 1 mn.
- Mettez ensuite dans la cocotte le reste d'oignon, l'ail épluché et écrasé, la branche de céleri émincée avec le reste d'huile. Sans couvrir, faites étuver à th. 9 pendant 1 mn. Remuez, couvrez et laissez cuire 1 mn à th. 7. Les poireaux et l'oignon doivent être tendres et fondus, sinon laissez encore 45 secondes ou remontez à th. 9 pour 20 secondes.
- Jetez une petite cuillère de sel sur les légumes, remuez et laissez cuire 2 mn, couvert, à th. 8.
- Versez maintenant le vin blanc, 40 cl de nage, le bouquet garni, le poivre, le safran, le laurier. Couvrez et faites cuire, à th. 9, 7 mn.
- Pendant cette cuisson, décoquillez les moules en recueillant le maximum de jus à travers un chinois posé sur un grand verre ou un bol. Filtrez aussi le jus du plat à brunir. Conservez les moules au chaud et ciselez le persil.
- La cuisson est maintenant presque terminée ou terminée, selon votre dextérité. Ajoutez alors dans la cocotte les moules non réservées et le jus. Recouvrez et laissez cuire 1 mn à pleine puissance.
- Prélevez ensuite 1 louche de bouillon et mettez-y les moules réservées pour les réchauffer. Couvrez et laissez en attente.
- Passez la cuisson au mixeur quelques secondes. Reversez dans la cocotte, couvrez et faites réchauffer, à th. 9, 30 secondes.
- Servez avec les moules et leur jus, le persil éparpillé sur la soupe et, si vous aimez, des croûtons aillés et grillés.

* Cette soupe est la version "ménagère" de la célèbre Billy-By, potage élégant créé au Maxim's de Paris, au début du siècle, pour un client fidèle et généreux.

SOUPE AU POTIRON

Epluchez le potiron, coupez la chair en petits cubes. Mettez dans la cocotte avec le beurre et couvrez. Enfournez pour 10 mn à toute puissance.
- Mixez ou passez au moulin à légumes et versez dans la cocotte.
- Fouettez peu à peu avec le lait chaud d'abord, puis la crème. Ajoutez le poivre et la muscade, couvrez et faites cuire 2 mn à th. 9.
- Salez à présent et servez parsemé de pluches de cerfeuil.
- Offrez, à part, des croûtons grillés.

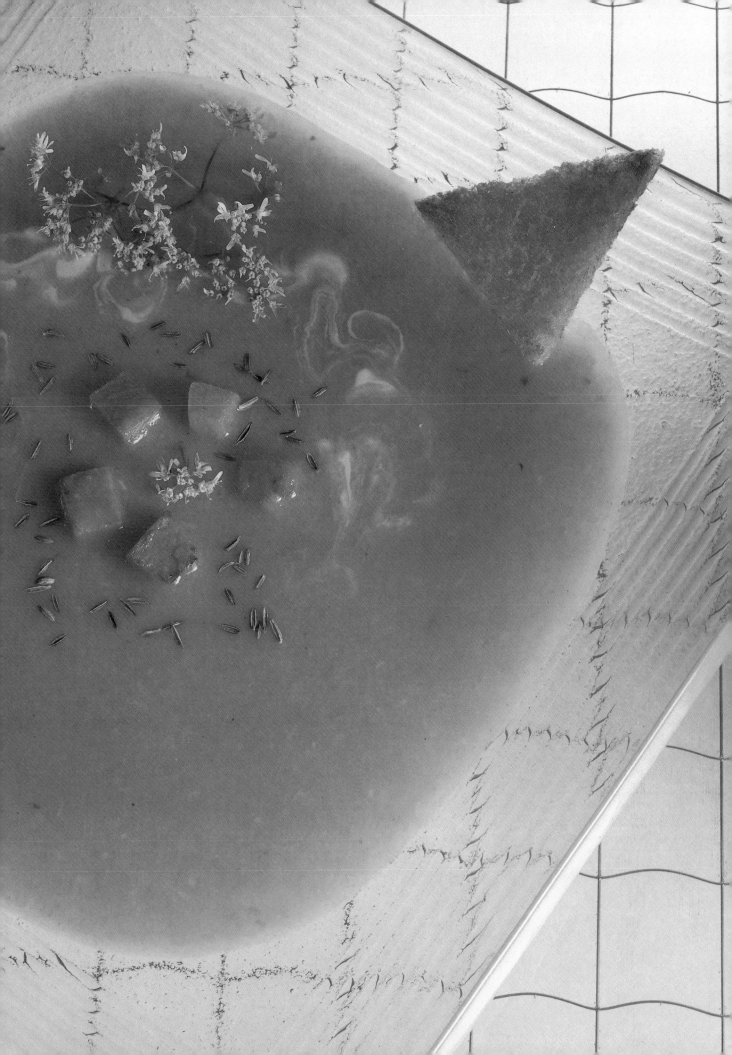

TOURAIN A LA TOMATE (GASCOGNE)

Epluchez l'ail, l'oignon et retirez les fils du céleri. Hachez l'ail et le céleri, émincez l'oignon. Coupez les tomates en quatre.
• Faites chauffer la cocotte à brunir. Mettez-y ensuite l'huile à chauffer et jetez-y les émincés d'oignon. Laissez cuire 3 mn à th. 9.
• Ajoutez l'ail et le céleri, couvrez et faites cuire 2 mn à th. 9.
• Pendant ce temps, le bouillon a chauffé sur le feu ou, après avoir retiré la cocotte, dans le four à micro-ondes Toshiba.
• Ajoutez dans la cocotte les tomates, le bouquet garni et le bouillon. Couvrez et faites cuire 7 mn.
• Retirez le bouquet garni, passez la soupe au moulin à légumes, remettez-la dans la cocotte, couvrez et laissez repartir à ébullition. Salez et poivrez.
• Ajoutez les "cheveux d'ange", ne couvrez pas et laissez cuire 5 mn.
• Laissez reposer, couvert, 5 mn.

Pour 4 personnes
Préparation : 10 mn - Cuisson : 17 mn

Ingrédients :
• 1 kg de tomates de Marmande
• 1 oignon moyen, 3 gousses d'ail
• 1 branche de céleri
• 1 c à soupe d'huile d'olive
• 1,5 l de bouillon de volaille (voir chapitre "Préparations de base")
• 1 bouquet garni
• 2 c à soupe de pâtes "cheveux d'ange"
• sel et poivre moulu frais

Matériel :
• 1 cocotte à brunir et son couvercle
• 1 moulin à légumes

Par personne :
217 calories/909 K joules

VINS

Les vins peuvent être "tués" par ce plat. Essayer :
ROUGE
Cahors de 6 à 8 ans / servir à 13-14°
Madiran de 3 à 4 ans / servir à 14-15°

CREME ANGEVINE

Coupez les pieds des champignons, lavez-les rapidement sous l'eau courante. Egouttez-les et séchez-les. Coupez-les en lamelles et arrosez-les de jus de citron.
• Hachez fin les échalotes et l'ail écrasé.
• Faites chauffer le plat à brunir. Ajoutez le beurre pour qu'il chauffe. Versez l'ail et les échalotes et faites cuire 2 mn à th. 8. Remuez puis cuisez encore 1 mn.
• Ajoutez les champignons égouttés, sans oublier les lamelles de cèpes. Couvrez et faites cuire 5 mn à th. 9.
• Ajoutez ensuite le bouillon, le sel et le poivre. Couvrez et mettez à cuire 8 mn.
• Délayez, dans la soupière, le jaune d'œuf avec la crème fraîche et la pincée de noix de muscade râpée. Effeuillez le cerfeuil et réservez-le.
• Vous pouvez servir la soupe sans mixer les champignons. Ce sera plus rustique mais, pour une crème digne de ce nom, mixez la soupe et versez-la en fouettant dans la soupière. Mélangez 10 secondes puis parsemez de brindilles de cerfeuil. Servez immédiatement.

Pour 4 personnes
Préparation : 12 mn - Cuisson : 16 mn

Ingrédients :
• 400 g de champignons de Paris, petits et bien fermes
• 3 ou 4 lamelles de cèpes séchés (en sachet)
• 2 échalotes grises, 1 gousse d'ail
• 1 c à soupe de beurre
• le jus d'1 citron
• 1 l de bouillon de volaille (voir chapitre "Préparations de base")
• 1 pot de 40 cl de crème fraîche épaisse
• 1 jaune d'œuf
• 3 à 4 branches de cerfeuil frais
• 1 pincée de muscade, sel et poivre

Matériel :
• 1 cocotte à brunir et son couvercle
• 1 mixeur (facultatif)

Par personne :
445 calories/1860 K joules

VINS

Si vous avez pris les vins suivants en apéritif, continuer :
BLANC
Saumur d'Origine (mousseux)
Crémant de Loire / servir à 6-7°
ou bien, si vous préférez, ces vins blancs secs :
Saumur, Vouvray, Montlouis sec / servir à 8-10°

Soupe de feves et de petits pois

Ecossez les petits pois et les fèves. Taillez l'oignon, la carotte et la pomme de terre en dés aussi petits que les petits pois.
- Faites chauffer la cocotte à brunir. Mettez-y ensuite le beurre à fondre.
- Répartissez-y les dés de carotte, d'oignon et de pomme de terre. Enfournez pour 3 mn à th. 9. Remuez les légumes après 2 mn.
- Mouillez ensuite avec 1 l 1/2 d'eau bouillante. Ajoutez les fèves et les petits pois, le thym. Couvrez et faites cuire 9 mn à th. 9. Salez et poivrez en fin de cuisson.
- Vous avez eu le temps de hacher le jambon assez gros. Ajoutez-le à la soupe et laissez reposer 3 mn.
- Servez aussitôt avec, si vous voulez, des petits croûtons grillés et frottés d'ail et 2 cuillères à soupe de crème fraîche.

* Si vous utilisez des fèves séchées (et décortiquées), il faudra les faire tremper la veille dans de l'eau fraîche en changeant l'eau 2 fois et les cuire 10 mn avant de mettre les petits pois.

Pour 4 personnes
Préparation : 10 mn - Cuisson : 12 mn

Ingrédients :
- 1 kg 250 de fèves en cosses
- 500 g de petits pois en cosses
- 1 oignon, 1 carotte moyenne
- 1 pomme de terre bien farineuse
- 1/2 c à soupe de beurre demi-sel
- 1 brindille de sarriette ou de thym
- 1 tranche de jambon cuit
- sel, pincée de cayenne, poivre moulu

Matériel :
- 1 cocotte à brunir et son couvercle

Par personne :
470 calories/1964 K joules

VINS

ROSÉ
Tavel de 2 à 3 ans / servir à 8-9°
ROUGE
Côtes de Provence de 2 à 3 ans / servir à 12-13°

Soupe d'orties (LIMOUSIN)

Blanchissez les orties 1 mn dans de l'eau bouillante salée et vinaigrée. Egouttez-les, rafraîchissez-les sous un filet d'eau froide. Laissez-les encore s'égoutter pendant que vous hachez finement les échalotes grises et les pommes de terre (si vous utilisez de la purée d'orties, il suffira de l'égoutter).
- Faites chauffer la cocotte à brunir. Mettez le beurre et les échalotes pour 2 mn de cuisson à th. 9. Remuez après 1 mn et recouvrez.
- Pendant ce temps, vous avez râpé les pommes de terre. Ajoutez-les aux échalotes, couvrez et laissez cuire à th. 7 pendant 2 mn. Remuez-les avec une cuillère, recouvrez et cuisez encore 2 mn.
- Ajoutez les orties blanchies, le lait, le sucre, le sel et le poivre. Couvrez et faites cuire à th. 8 pendant 8 mn (si vous utilisez de la purée d'orties en flacon, ne mettez l'ortie que 2 mn avant la fin de la cuisson des pommes de terre).
- Vous pouvez, pour plus de finesse, passez le potage au mixeur. Faites alors cette opération avant d'ajouter la crème et la muscade. Le potage ayant refroidi, faites cuire 2 mn au lieu d'1.
- Ajoutez, en délayant à la cuillère, la crème fraîche et la muscade. Sans couvrir, faites cuire 1 mn à th. 9.
- Servez aussitôt avec de petits croûtons grillés.

Pour 4 personnes
Préparation : 12 mn - Cuisson : 11 à 12 mn

Ingrédients :
- 2 bonnes poignées de sommités d'orties
- 1 petit flacon de purée d'orties
- 4 échalotes grises
- 1 c à soupe de beurre
- 1 l de bouillon de volaille
- 2 pommes de terre farineuses
- 50 cl de lait bouilli
- 25 cl de crème fraîche
- 1 pincée de sucre roux en poudre
- 1 c à café de vinaigre de vin
- sel, poivre moulu, pincée de muscade
- quelques croûtons grillés

Matériel :
- 1 cocotte à brunir et son couvercle
- 1 mixeur (facultatif)

Par personne :
420 calories/1755 K joules

VINS

ROUGE
Gamay de Touraine primeur / servir à 8-9°
Beaujolais nouveau
(millésime précédent / servir à 8-9°
Pinot Noir d'Alsace de 1 à 2 ans / servir à 10-11°

SOUPE DE LENTILLES AU CUMIN

Rincez les lentilles, mettez-les dans la cocotte avec le bouquet garni, l'oignon clouté, l'ail, la carotte tronçonnée. Versez 1 l 25 d'eau froide, couvrez et cuisez, à th. 9, 13 mn.
- Pendant ce temps, hachez séparément l'échalote et l'oignon. Hachez aussi la ciboulette.
- Retirez, après cuisson, la cocotte du four à micro-ondes et laissez-la reposer le temps de préparer l'accompagnement d'oignon.
- Faites chauffer le plat à brunir et mettez-y le beurre. Ajoutez le hachis d'oignon et faites blondir, sans couvrir, 1 mn à th. 2. Ramenez l'oignon au centre du plat et répartissez l'échalote autour. Couvrez et faites blondir 1 mn.
- Saupoudrez ensuite de sucre. Couvrez et faites "caraméliser" 1 mn. Versez 2 cuillères de liquide de cuisson des lentilles et cuisez, à th. 6, 2 mn.
- Mélangez avec le potage et saupoudrez de ciboulette. Servez aussitôt.

Pour 4 personnes
Préparation : 7 mn - Cuisson : 16 mn

Ingrédients :
- 200 g de lentilles vertes du Puy
- 1 oignon piqué de son clou de girofle
- 1 échalote grise, 1 gousse d'ail
- 1 bouquet garni avec du vert de poireau
- 1 belle carotte
- 1 gros oignon
- 1 pincée de sucre
- 1 c 1/2 à café de cumin
- 2 c à soupe de beurre
- 1 c à soupe de ciboulette hachée
- sel et poivre moulu

Matériel :
- 1 cocotte à brunir, 1 plat à brunir

Par personne :
275 calories/1149 K joules

VINS

BLANC
Pinot ou Klevner de 1 à 2 ans / servir à 8-9°
Riesling de 1 à 3 ans / servir à 8-9°
Sauvignon de Loire d'1 an / servir à 8-9°

SOUPE FAMILIALE AUX POIREAUX

Epluchez les poireaux et les pommes de terre. Tronçonnez finement le blanc des poireaux, taillez très fin le vert tendre et conservez un peu de vert plus foncé.
- Râpez les pommes de terre. Préparez le bouquet garni avec un brin de thym, 1/2 feuille de laurier frais, 1 branche de persil plat, 1 branchette de céleri et quelques brins de vert de poireau. Ficelez serré.
- Faites chauffer la cocotte à brunir et ajoutez le beurre. Dès qu'il est chaud, versez-y les pommes de terre râpées bien étalées. Couvrez et cuisez, à th. 9, 2 mn. Découvrez, remuez et ajoutez les poireaux. Recouvrez et faites encore cuire 2 mn à th. 9.
- Chauffez le bouillon de volaille avec le bouquet. Versez dans la cocotte, couvrez et faites cuire 12 mn à th. 9.
- Mixez ou non après ce temps et ajoutez la crème fraîche, les épices, après avoir retiré le bouquet garni. Remuez, recouvrez et passez 30 secondes au four à th. 9.

* Vous pouvez saupoudrer d'herbes à votre guise : persil simple, cerfeuil (de préférence) ou estragon.

Pour 4 personnes
Préparation : 5 mn - Cuisson : 15 mn

Ingrédients :
- 4 poireaux et leur vert tendre
- 4 pommes de terre farineuses
- 1 c à soupe rase de beurre
- 1 bouquet garni
- 2 c à soupe de crème fraîche
- 1 l de bouillon de volaille
- sel, poivre noir, pincée de cayenne

Matériel :
- 1 cocotte à brunir et son couvercle, 1 mixeur

Par personne :
237 calories/993 K joules

VINS

BLANC
Entre-Deux-Mers de 2 ans
(à dominante Sauvignon) / servir à 8-9°
Muscadet de 2 à 3 ans / servir à 8-9°

Pour 4 personnes
Préparation : 3 mn - Cuisson : 13 mn

Ingrédients :
- 2 laitues très tendres
- 1 c à café de beurre 1/2 sel
- 1 petit pot de yaourt
- 1 tasse à thé de lait bouilli
- 2 jaunes d'œufs
- 1 c à soupe de crème fraîche
- 3 c à soupe de tapioca
- 2 c à soupe de cerfeuil ciselé
- sel et poivre blanc moulu, pincée de muscade

Matériel :
- 1 cocotte à brunir et son couvercle

Par personne :
152 calories/637 K joules

VINS

Le cépage Chardonnay doit bien s'harmoniser.
BLANC
Rully de 1 à 2 ans / servir à 9-10°
St.-Véran de 1 à 3 ans / servir à 9-10°
Chablis de 2 à 3 ans / servir à 9-10°

Pour 4 personnes
Préparation : 5 mn - Cuisson : 16 mn

Ingrédients :
- 3 oignons moyens
- 100 g de lard découenné
- 1/2 feuille de laurier frais
- 1 l 1/2 de bouillon de volaille
- sel et poivre blanc moulu frais

Matériel :
- 1 cocotte à brunir,
  2 cocottes avec couvercle

Par personne :
267 calories/1118 K joules

VINS

ROUGE
Coteaux du Lyonnais jeune / servir à 10-11°
Beaujolais jeune / servir à 10-11°

Veloute de laitue

Coupez en lanières les laitues nettoyées, lavées et bien égouttées.
- Chauffez la cocotte à brunir puis mettez le beurre à fondre. Ajoutez les lanières de laitue et couvrez. Elles doivent fondre pendant 5 mn à th. 8.
- Ajoutez 1 l d'eau bouillante, couvrez et laissez cuire 7 mn à th. 9. Ajoutez le tapioca et faites cuire 3 mn. Mixez ou non et laissez reposer 3 mn.
- Dans un bol, fouettez le yaourt avec les jaunes d'œufs et délayez avec le lait bouilli.
- Prélevez un peu de potage et incorporez-le en fouettant au contenu du bol puis, tout en fouettant, renversez le mélange dans la cocotte. Assaisonnez. Recouvrez et remettez au four, à th. 5, 1 mn et laissez reposer 1 mn.
- Servez aussitôt, saupoudré de cerfeuil ou de persil.

Fricassee aux oignons (LYONNAIS)

Préchauffez la cocotte à brunir.
- Hachez finement le lard et, à part, les oignons.
- Faites fondre d'abord le hachis de lard et, lorsqu'il a pris une jolie couleur, retirez-le avec une écumoire pour entraîner le moins possible de graisse.
- A sa place et dans la graisse rendue, étalez le hachis d'oignons. Faites cuire couvert 2 mn à th. 9.
- Retirez ensuite avec l'écumoire et versez avec le lard dans une cocotte en Pyrex. Ajoutez le fragment de laurier et 40 cl de bouillon. Couvrez et faites cuire 10 mn à th. 9.
- Pendant ce temps, faites griller des tartines de pain de campagne sous la rampe du four.
- Retirez la cocotte du four à micro-ondes. A sa place, mettez un autre récipient avec 1 l de bouillon à chauffer. Lorsque celui-ci est chaud, ajoutez-le, pour rallonger, dans la soupière au bouillon aux oignons et lardons.
- Servez aussitôt avec des tartines grillées et du comté râpé.

Soupe des pecheurs

Epluchez l'oignon et l'ail. Hachez-les. Mettez-les dans la cocotte avec l'huile et, sans couvrir, faites cuire 3 mn à th. 9.
- Coupez les tomates en quatre, éliminez les pépins mais ne pelez pas les légumes.
- Ajoutez les poissons en morceaux et la tomate au contenu de la cocotte avec le bouquet garni. Recouvrez avec 1 l d'eau chaude. Couvrez et faites cuire 8 mn à th. 9.
- Après ce temps, salez et poivrez, ajoutez le zeste de citron et la branche de basilic effeuillée. Couvrez et cuisez 3 mn à th. 7.
- Ajoutez le safran et les feuilles de basilic. Recouvrez et faites cuire 1 mn à th. 7. Il s'agit plutôt à présent d'une infusion que d'une cuisson. Laissez reposer 5 mn, toujours couvert.
- Retirez le bouquet garni et la branche de basilic.
- Servez chaud avec des croûtons grillés frottés d'ail ou une rouille (voir chapitre "Sauces").

* Demandez à votre poissonnier les arêtes des filets de poisson choisis et quelques parures : vous préparerez avec ces "parures" un fumet indispensable pour bien des préparations (voir chapitre "Préparations de base").

Pour 4 personnes
Préparation : 10 mn - Cuisson : 15 mn

Ingrédients :
- 1 kg de différents poissons : merlan, grondin, congre, roussette, lieu noir ou tout autre poisson blanc en filets
- 1 gros oignon, 3 gousses d'ail
- 2 tomates bien mûres
- 1 c à soupe d'huile d'olive
- 1 bouquet garni
- 1 fragment de zeste de citron
- 1 branche de basilic frais
- gros sel gris et poivre moulu gros
- 1/2 c à café de safran en poudre

Matériel :
- 1 cocotte et son couvercle

Par personne :
257 calories/1076 K joules

VINS

BLANC
Vin Jaune du Jura de 8 à 10 ans / servir à 13-14°
ROUGE
Arbois-Pupillin de 4 à 5 ans / servir à 14°
Côte-de-Provence de 5 à 6 ans
(à dominante Grenache-Mourvèdre / servir à 13-14°

Potage de cresson aux bouquets

Pelez et hachez fin l'échalote. Pelez et lavez les pommes de terre, coupez-les en petits dés. Effeuillez le cresson, lavez-le, égouttez-le.
- Mettez le beurre dans la grande cocotte avec les dés de pomme de terre et le hachis d'échalote. Couvrez et programmez à th. 9 pour 3 mn. Ajoutez le cresson, couvrez et faites cuire à th. 8 pendant 2 mn.
- Préparez 75 cl d'eau bouillante.
- Retirez la cocotte aux légumes. Laissez reposer 2 mn.
- Versez 15 cl d'eau et le vin blanc dans la petite cocotte. Salez peu, poivrez bien. Ajoutez les bouquets, couvrez et faites cuire 1 mn 30 à th. 9. Retirez et laissez reposer.
- Pendant cette cuisson, vous avez eu le temps de passer au mixeur ou au moulin à légumes le contenu de la première cocotte.
- Remettez la purée dans la grande cocotte (rincez le moulin à légumes avec un peu d'eau bouillante, au-dessus du récipient, pour bien entraîner les particules de légumes). Ajoutez le reste d'eau. Couvrez, remettez au four pour 2 mn à th. 7. Réservez.
- Décortiquez les bouquets, réservez les queues. Passez les têtes et les carapaces au moulin à légumes au-dessus de la petite cocotte de 17 cm. Reversez dans le liquide de cuisson et couvrez.
- Enfournez, à la place de la première cocotte, pour 2 mn à th. 9.
- Sortez ensuite la petite cocotte et passez le liquide très parfumé au-dessus de la grande cocotte à travers un chinois.
- Mélangez dans un bol la crème et le jaune d'œuf. Versez en fouettant dans la grande cocotte, ajoutez-y les bouquets. Goûtez et rectifiez l'assaisonnement. Couvrez et remettez au four à th. 9 pour 30 secondes pas plus.
- Servez avec des croûtons frits et un muscadet bien frais.

Préparation : 15 mn - Cuisson : 12 mn 30

Ingrédients :
- 1 botte de cresson
- 150 g de bouquets
- 20 cl de vin blanc
- 2 pommes de terre moyennes
- 20 g de beurre demi-sel
- 10 cl de crème fraîche
- 1 jaune d'œuf
- sel et poivre

Matériel :
- 1 grande et 1 petite cocottes en verre et leur couvercle
- 1 moulin à légumes ou 1 mixeur, 1 fouet, 1 chinois

Par personne :
257 calories/1076 K joules

VINS

Difficile de boire du vin sur le cresson
(ça donne un goût de punaise)

Veloute de Cepes de Puymirol

Michel TRAMA

Epluchez les pieds des cèpes, séparez les têtes. Nettoyez têtes et pieds avec un linge humide. Hachez finement la moitié des pieds et mettez le hachis dans un grand bol.

● Hachez l'ail et les échalotes, ajoutez-les au bol et mélangez avec 10 g de beurre. Couvrez le bol avec une assiette dans laquelle vous disposerez les têtes et le reste des pieds coupés en lamelles. Assaisonnez et parsemez de beurre restant. Couvrez l'assiette de film.

● Enfournez 3 mn à th. 9. Remuez le contenu du bol et celui de l'assiette, recouvrez et remettez dans le four à micro-ondes pour 4mn à th. 9.

● Retirez l'assiette. Ajoutez dans le bol 30 cl d'eau dans laquelle vous avez dilué le bouillon cube. Couvrez et faites cuire 5 mn à th. 9. Laissez reposer 2 mn.

● Passez le contenu du bol et les pieds émincés de l'assiette au mixeur. Ajoutez 40 cl d'eau chaude, la crème fraîche et le jaune d'œuf. Mixez encore quelques secondes.

● Passez ou non (selon votre goût) au chinois et rectifiez l'assaisonnement.

● Versez le velouté obtenu dans 4 bols, repartissez-y les têtes de cèpes et faites réchauffer 4 mn à th. 4.

● Parsemez de persil ciselé au moment de servir.

Pour 4 personnes
Préparation : 8 mn - Cuisson : 12 mn,
Réchauffage : 4 mn

Ingrédients :
● 500 g de cèpes fermes et frais
● 3 gousses d'ail
● 3 échalotes grises
● 20 g de beurre
● 1 bouillon cube
● 10 cl de crème fraîche
● 1 jaune d'œuf
● quelques branches de persil

Matériel :
● 1 grand bol, 1 assiette creuse
4 petits bols
● 1 mixeur, 1 chinois (facultatif)

Par personne :
212 calories/888 K joules

VINS

ROUGE
Côtes-de-Fronsac de 4 à 5 ans / servir à 14-15°
Lalande de Pomerol de 5 à 6 ans / servir à 15-16°

Creme Indienne Glacee

Taillez le poivron en lanières, puis en dés, après avoir retiré les graines. Epluchez et épépinez les pommes, taillez-en une en morceaux et l'autre en petits dés. Hachez fin l'oignon, écrasez l'ail et hachez-le. Pelez, épépinez et concassez la tomate.

● Mettez l'oignon haché dans un plat à brunir avec l'huile. Couvrez et faites cuire à pleine puissance 1 mn 30.

● Ajoutez les dés de pommes et les plus beaux dés de poivron, recouvrez et faites cuire 2 mn. Sortez du four et laissez reposer.

● Mettez dans la cocotte les morceaux de pommes, les dés moins réguliers du poivron, la chair de la tomate, tout ce que vous pourrez récupérer, avec une cuillère, d'oignon et d'ail et ajoutez-les à la cocotte avec 30 cl de bouillon de volaille. Mélangez, couvrez et faites cuire à pleine puissance, à th. 9, 5 mn. Laissez reposer 3 mn.

● Pendant ce temps, ciselez la ciboulette. Délayez dans un bol la crème avec 3 cuillères de bouillon froid. Découvrez la cocotte, versez, peu-à-peu en fouettant, la crème de riz dans la cuisson.

● Rincez le bol (la crème reste toujours un peu au fond) avec le reste de bouillon froid et versez dans la cocotte. Ajoutez la crème fraîche, le curry et le piment (ou le Cayenne), un soupçon de poivre noir et peu de sel. Remuez et couvrez. Faites cuire, à th. 9, 4 mn, en remuant à mi-cuisson. Ajoutez alors le contenu du plat à brunir, remuez, recouvrez et cuisez 2 mn.

● Laissez refroidir, donc reposer jusqu'au moment de servir. Vous allongerez alors le potage avec le cidre et en parsemerez la surface avec un nuage de ciboulette.

● Posez aussi au centre de chaque assiette ou coupelle une rondelle fine de citron vert pour parfaire la touche indienne.

* Cette crème délicieuse chaude est incomparable en rafraîchissement (brûlant) pour l'été. Vous pouvez, pour plus de finesse, la passer au mixeur avant d'ajouter le cidre.

Pour 4 personnes
Préparation : 15 mn - Cuisson : 14 mn 30

Ingrédients :
● 50 cl de bouillon de volaille dégraissé (voir chapitre "Préparations de base")
● 35 cl de cidre sec
● 1 poivron rouge, 1 tomate mûre
● 2 pommes Granny Smith
● 1 oignon moyen, 1 gousse d'ail
● 1 c à café d'huile d'arachide
● 1 c à café rase de curry
● 1 c à entremets de crème de riz
● 12 cl de crème fleurette
● 2 c à soupe de ciboulette
● sel et poivre noir moulu, pincée de Cayenne ou piment

Matériel :
● 1 cocotte et son couvercle
● 1 plat à brunir
● du film, 1 mixeur (facultatif)

Par personne :
265 calories/1107 K joules

VINS

BLANC
Condrieu de 3 à 4 ans / servir à 12-13°
Hermitage de 2 à 3 ans / servir à 11-12°
ROUGE
(Cabernet – Sauvignon, si possible en dominante)
Côtes de Buzet de 3 à 4 ans / servir à 14-15°
Côtes de Duras de 3 à 4 ans / servir à 14-15°
Cru Bourgeois du Médoc de 4 à 5 ans / servir à 14-15°
CIDRE
sec, bouché / servir à 11-12°

CREPES FOURREES A LA BROUILLADE D'ŒUFS

Pour 4 personnes
Préparation : 6 mn - Cuisson : 5 mn

Ingrédients :
• 8 petites crêpes précuites

Pour le fourrage :
• 4 œufs moyens
• 30 g de beurre
• 2 c à soupe de lait bouilli
• 3 c à soupe de fines herbes ciselées
• sel et poivre blanc moulu

Pour la cuisson des crêpes fourrées :
• 20 g de beurre

Matériel :
• 1 jatte
• 4 petites assiettes à la taille des crêpes
• 1 pinceau, du film étirable

Par personne :
520 calories/2173 K joules

VINS

CIDRE
Sec ou demi-sec jeune / servir à 12-13°
BLANC
Jurançon (demi-sec) 1 à 2 ans / servir à 11-12°

Faites fondre le beurre à th. 6 dans les 4 assiettes. Sortez-les. Déposez 1 crêpe dans chacune.
• Battez les œufs dans la jatte avec le lait, 15 g de beurre et le poivre. Couvrez et faites cuire 2 mn à th. 9.
• Sortez la jatte, battez les œufs, salez, ajoutez les herbes, remuez pour mélanger et couvrez.
• Déposez une couche de brouillade d'œufs sur chaque crêpe. Recouvrez avec une autre crêpe et retournez le tout. La crêpe du dessus sera beurrée et celle qui touchera l'assiette (ou le plat) sera en contact avec le reste du beurre, en laissant de l'espace entre elles et au centre.
• Passez au four, à th. 7, 1 mn. Servez aussitôt.

SALADE DE RIZ GISOU

Pour 4 personnes
Préparation : 10 mn - Cuisson : 21 mn

Ingrédients :
• 200 g de riz long Uncle Ben's
• 1 bouquet garni
• 1 poivron rouge en dés
• 100 g d'haricots verts
• 1 bottillon de petites asperges
• 1 oignon rouge
• 150 g de bouquets
• 1 dose de safran
• 1 c à soupe d'huile d'olive
• 20 cl de vinaigrette

Matériel :
• 1 jatte, 1 plat à brunir, du film étirable,
• 1 grande cocotte

Par personne :
612 calories/2560 K joules

VINS

ROSE
Sec et très épicé dans ses arômes
Côtes du Rhône-Villages de 1 à 2 ans
(Chusclan ou Loudun) / servir à 11-12°

Emincez l'oignon et réservez-le.
• Epluchez les haricots verts, faites-les cuire "croquants" dans la jatte avec 3 cuillères à soupe d'eau. Couvrez de film et cuisez 3mn à pleine puissance. Laissez reposer 5 mn.
• Préchauffez le plat à brunir 5 mn. Ajoutez 1 cuillère d'huile et faites revenir le riz hors du feu 30 secondes. Versez dans la cocotte.
• Ajoutez ensuite le safran, le bouquet garni et mouillez avec 2 fois le volume de riz en eau (ou, si vous préférez, en nage de poisson : voir chapitre "Préparations de base"). Couvrez et faites cuire 10 mn à pleine puissance dans le four à micro-ondes Toshiba.
• Egouttez les haricots verts, taillez-en quelques-uns en dés, comme sur la photo. Arrosez de vinaigrette et réservez.
• Faites cuire les asperges dans la jatte libre avec 3 cuillères d'eau et un filet d'huile, à couvert pendant 7 mn pour les très petites, et 8 à 9 mn si elles sont plus grosses.
• Réchauffez le plat à brunir avec la dernière cuillère d'huile. Faites-y cuire les bouquets 30 secondes de chaque côté, couvrez et à pleine puissance.
• Disposez le riz, les légumes et les crustacés comme indiqué sur la photo. Arrosez de vinaigre et servez tiède.

* Nous avons cuit le riz en deux cocottes : une partie au naturel et une partie au safran, ceci pour la beauté de la photo.

Champignons a l'anatolienne

Nettoyez les champignons choisis fermes, blancs et petits. Laissez-les entiers. Pelez et épépinez les tomates, coupez-les en quatre. Epluchez les oignons et l'ail. Hachez le gros oignon et laissez les petits entiers. Taillez le blanc de poireau en tronçons.

• Faites gonfler 5 mn les raisins à l'eau bouillante, égouttez-les aussitôt.

• Coupez le citron en rondelles, écrasez l'ail.

• Mettez dans la cocotte tous les ingrédients sauf le sel et le poivre. Complétez, si nécessaire, avec de l'eau de façon à ce que le niveau de liquide arrive au ras des ingrédients. Couvrez et faites cuire 10 mn à th. 9.

• Salez, poivrez et laissez refroidir à température ambiante avant de retirer le bouquet garni.

* Peut se garder plusieurs jours au frais.

Salade tiede provençale

Epluchez le fenouil, les courgettes, les oignons et l'ail, les poivrons. Pelez les tomates en les plongeant 1 mn dans de l'eau bouillante, puis en les passant sous l'eau froide.

• Coupez les poivrons en lanières, les courgettes en rondelles, puis en quatre. Emincez l'oignon, écrasez l'ail, hachez-le grossièrement. Coupez le fenouil en fines tranches que vous partagez en deux.

• Chauffez 1 cuillère d'huile dans la cocotte pendant 40 secondes à th. 9.

• Ajoutez l'oignon et l'ail. Couvrez et laissez cuire 1 mn à th. 9. Disposez à présent les lanières de poivron, les fèves, le fenouil, les courgettes. Mélangez un peu. Enfouissez le bouquet garni parmi les légumes. Arrosez avec 1/2 cuillère d'huile en filet. Couvrez et mettez à cuire 8 mn à th. 9.

• Concassez, pendant ce temps, les tomates épépinées.

• Retirez alors du four à micro-ondes, étalez sur les légumes la chair de tomates concassée. Arrosez encore avec le reste d'huile d'olive, toujours en filet. Recouvrez et faites cuire 3 mn à th. 7. Laissez reposer 5 mn toujours couvert.

• Retirez le bouquet garni et servez avec à part, de la vinaigrette à l'huile d'olive et au vinaigre de vin rouge. Parsemez d'herbes ciselées (à votre convenance), sans oublier pour la couleur provençale, du basilic.

* Se mange tiède ou froide.

Minute de thon frais
Sauce au thym – Michel TRAMA

Huilez au pinceau chaque assiette. Couvrez-les et passez-les 25 secondes dans le four à micro-ondes à th. 6. Laissez reposer 10 secondes avant de saler.
- Coupez la chair de thon en petites tranches de 5 mm d'épaisseur. Disposez-les, au fur et à mesure, sur les assiettes huilées sans qu'elles se touchent.
- Disposez la sauce au thym autour et aussi entre chaque tranche de thon.
- Servez aussitôt.

Pour 4 personnes
Préparation : 8 mn - Cuisson : 25 sec.
Ingrédients :
- 400 g de filet de thon
- 1 c à soupe d'huile d'olive vierge extra, 1ère pression à froid
- gros sel gris
- sauce au thym (voir chapitre "Sauces")
Matériel :
- 4 assiettes allant au four à micro-ondes,
- du papier sulfurisé ou du film étirable
- 1 petit pinceau

Par personne :
310 calories/1296 K joules

VINS

BLANC
St-Joseph de 2 à 3 ans / servir à 9-10°
ROUGE
Gigondas de 3 à 5 ans / servir à 14-15°

Croque-Monsieur

Beurrez une face des 8 tranches de pain. Coupez le jambon en deux et retaillez-le, de façon à ce qu'il ait la même taille que le pain et le fromage.
- Posez, sur la face beurrée, une tranche de fromage (salez si vraiment vous aimez salé, en général le fromage suffit), poivrez bien. Posez 1/2 tranche de jambon, 1 tranche de fromage et recouvrez d'une tranche de pain, le beurre au-dessus. Faites de même pour les 3 autres croque-monsieur.
- Vous avez préchauffé 3 mn le plat à brunir. Rangez dessus, bien séparés, et avec un espace vide au centre, les quatre "croq".
- Enfournez à pleine puissance pour 30 secondes, puis retournez-les, côté intérieur vers l'extérieur pour encore 20 secondes. Retournez-les dessus dessous pour 40 secondes.
- Servez brûlant avec une bière ou un vin bien frais.

Pour 4 personnes
Préparation : 7 mn - Cuisson : 1 mn 30
Ingrédients :
- 8 tranches de pain de mie
- 80 g de beurre demi-sel
- 2 belles tranches de jambon à l'os de 150 g chacune
- 200 g de comté coupé en 8 fines tranches
- un peu de sel, beaucoup de poivre blanc moulu
Matériel :
- 1 plat à brunir

Par personne :
747 calories/2497 K joules

VINS

BLANC
Côte du Jura de 2 à 3 ans / servir à 8-9°
ROUGE
Arbois de 2 à 3 ans / servir à 12-13°

Brouillade d'œufs aux anchois

Egouttez bien les filets d'anchois.
- Battez les œufs avec le poivre puis avec la crème.
- Mettez le plat à œufs au four avec le beurre au fond pour 1 mn à th. 8. Sortez-le du four et tournez le plat sur lui-même pour que le fond soit parfaitement recouvert de beurre. Répartissez les œufs dans le plat. Couvrez et faites cuire 3 mn à th. 8.
- Lorsque le mélange est presque pris et bien gonflé, sortez le plat et incorporez avec une cuillère la crème d'anchois en remuant en surface. Recouvrez et remettez au four pour 1 mn à th. 8.
- Sortez le plat, saupoudrez-le de persil. Poivrez encore un peu et remuez à la cuillère. Couvrez. Laissez reposer 2 mn.
- Partagez sur quatre assiettes chaudes, décorez d'un filet d'anchois et d'une sommité de persil frisé.

Pour 4 personnes
Préparation : 4 mn - Cuisson : 5 à 6 mn
Ingrédients :
- 6 gros œufs
- 1 c à soupe de beurre
- 3 c à soupe de crème fraîche
- 2 c à soupe de crème d'anchois ramollie
- 4 filets d'anchois à l'huile
- 1 c à soupe de persil ciselé
- sel (très peu), poivre noir du moulin
Matériel :
- 1 bol, 1 grand plat creux ou 1 plat à œuf en Pyrex
- 1 fouet, du film étirable

Par personne :
267 calories/1118 K joules

VINS

ROUGE
Boire un vin corsé : Gigondas, Châteauneuf-du-Pape, Fitou de 3-5 ans / servir à 15-16°

CHAMPIGNONS FARCIS

Pour 4 personnes
Préparation : 12 mn - Cuisson : 9 mn

Ingrédients :
- 12 beaux champignons de Paris de même grosseur
- le jus d'1 citron
- 1 douzaine d'escargots cuits (en boîte)
- 100 g de chair à saucisse fine
- 1 bouquet de persil simple
- 3 gousses d'ail, 1 échalote grise
- 2 c à soupe de beurre demi-sel
- 1 c à soupe de chapelure de brioche non sucrée
- 1 petit verrre d'Armagnac
- sel et poivre noir du moulin
- 1 c à soupe d'huile d'arachide

Matériel :
- 1 plat creux rond, 4 petits plats ronds (à escargots, si possible)
- du film étirable, du papier absorbant

Par personne :
245 calories/1024 K joules

VINS

ROUGE
njou (de Cabernet Franc) de 2 ans / servir à 13-14°
Bergerac de 3 à 4 ans / servir à 13-14°

Nettoyez les champignons, séparez les pieds des têtes et hachez-les fins. Déposez séparément dans le plat les têtes tout le tour et le hachis au centre. Arrosez d'un peu de citron et d'huile. Couvrez de film et faites étuver 6 mn à th. 9.

- Laissez ensuite reposer pendant la préparation du hachis. Effeuillez le persil, hachez-le avec l'échalote et l'ail. Déposez dans une jatte avec la chapelure, l'Armagnac, le beurre, le sel et le poivre. Mélangez bien.
- Ajoutez la chair fine (demandez à votre charcutier de la hacher 2 fois et le hachis de pieds d'escargots et remélangez encore.
- Vous avez fait égoutter puis vous avez rincé à l'eau tiède et encore égoutté les escargots en boîte. Séchez-les même sur du papier absorbant.
- Prélevez une cuillère à entremets de mélange, déposez-la dans le creux de votre main et enfermez-y un escargot. Vous devez obtenir une sorte de petite balle que vous déposez dans le champignon.
- Formez un dôme bombé, sans excès, et rangez dans le plat creux tout le tour sans trop serrer les champignons. Couvrez de film et remettez dans le four à micro-ondes pour 3 mn à th. 9.
- Laissez reposer 2 mn avant de servir.

* Si vous désirez obtenir un léger gratin, passez vos champignons 3 ou 4 mn sous la rampe préchauffée d'un four normal. Mais ça n'est pas indispensable, le goût et le parfum de ce plat cuit aux micro-ondes sont d'une rare délicatesse.

SALADE MALICE

Pour 4 personnes
Préparation : 10 mn
(à commencer 30 mn à l'avance)
Cuisson : 10 mn

Ingrédients :
- 2 poivrons, 2 tomates
- 2 aubergines, 3 courgettes
- 2 gros oignons rouges
- 3 c à soupe d'huile d'olive

Pour la sauce :
- 1 c à café de moutarde de Dijon
- 2 c à soupe de jus de citron vert
- quelques gouttes de Tabasco
- 2 c à soupe d'aneth frais
- 1 melon d'eau assez petit et mûr
- sel, poivre, cayenne

Matériel :
- 1 grand plat rond creux,
- du film étirable

Par personne :
215 calories/898 K joules

VINS

Difficile de choisir des vins sur cette sauce. Avant de prendre une gorgée de vin, mastiquer un peu de mie de pain pour neutraliser la bouche.
ROUGE
Gamay de Touraine, De Gaillac, Beaujolais
Un vin primeur, si possible / servir à 9-10°

Ouvrez les poivrons, retirez les graines, coupez-les en lanières. Taillez en rondelles les tomates (pressez-les doucement pour expulser les graines), les aubergines et les courgettes sans les éplucher. Emincez les oignons, écrasez et hachez l'ail.

- Dans le plat, disposez les légumes par catégorie tout le tour avec, au centre, l'ail. Arrosez d'huile d'olive (1 cuillère à soupe), couvrez de film et faites cuire 10 mn à th. 9. Laissez reposer.
- Pendant ce temps, coupez le chapeau du melon. Retirez la chair et les graines (la chair servira pour un dessert) en laissant suffisamment d'épaisseur (1/2 cm) pour ne pas percer l'écorce. Salez et poivrez l'intérieur, arrosez de jus de citron vert et tournez le melon pour que le citron pénètre régulièrement la chair. Mettez au froid avec le chapeau.
- Préparez la vinaigrette pendant la cuisson et le repos des légumes: Dans un bol, mélangez la moutarde avec le Tabasco et, en battant, ajoutez peu à peu l'huile. Versez le jus de citron (1 cuillère) restant, du poivre, du sel et une pincée de Cayenne. Goûtez et rectifiez l'assaisonnement à votre goût.
- Tenez au frais jusqu'au moment de l'utilisation (cette sauce peut se préparer à l'avance, se conserver dans une petite bouteille qu'il suffira d'agiter au moment de faire la salade).
- Après cuisson, les légumes ont reposé, toujours couverts.
- Découvrez-les et laissez-les refroidir à température ambiante avant de les mélanger avec la sauce.
- Emplissez l'écorce de melon de la ratatouille (cela en est une, en quelque sorte), reposez le chapeau et tenez au frais jusqu'au moment de servir.

TERRINE CAMPAGNARDE

Pour 4 personnes
Préparation : 15 mn - Cuisson : 15 mn
Ingrédients :
• 250 g de foie de porc
• 250 g de lard gras frais
• 1 kg d'échine de porc
• 1 crépine de porc
• 2 oignons moyens, 2 gousses d'ail
• 4 échalotes grises
• 2 œufs
• 1 c à soupe de chapelure de mie de pain
• 1 feuille de laurier, 2 brins de thym
• 3 cl d'Armagnac
• sel et poivre moulu,
pincée de quatre-épices

Matériel :
• 1 grande jatte pour la préparation
• 1 hachoir grille moyenne
• 2 petites terrines
• du papier sulfurisé

Par personne :
1252 calories/5235 K joules

VINS

ROUGE
Mercurey de 2 à 3 ans / servir à 14-15°
Côte-Rôtie de 3 à 4 ans / servir à 14-15°

Epluchez les oignons, l'ail et les échalotes. Coupez les viandes en petits morceaux. Passez le tout au hachoir. Versez dans la jatte. Mélangez.
• Battez les œufs à part. Mélangez-les au hachis avec la chapelure, l'Armagnac et les épices. Mélangez soigneusement.
• Partagez la crépine en deux. Tapissez-en les terrines en faisant déborder largement. Partagez la chair dans les terrines, tassez un peu. Eparpillez 1 branchette de thym et 1/2 feuille de laurier. Repliez la crépine dessus.
• Couvrez avec une feuille de papier sulfurisé graissé, côté chair, comme pour un pot de confiture.
• Faites cuire à th. 9 pendant 15 mn. Laissez reposer jusqu'à refroidissement total.
• Servez coupé en tranches avec une salade verte ou des cornichons.

* Se conserve une semaine au froid.

OEUFS-COCOTTE EN TOMATE

Pour 4 personnes
Préparation : 13 mn - Cuisson : 4 à 5 mn
Ingrédients :
• 5 œufs entiers et 1 œuf dur
• 4 grosses tomates
• 1 c à soupe de mie de pain rassis
• 3 champignons de Paris
• 1 tranche (100 g) de jambon cuit
• 2 c à soupe d'herbes diverses ciselées
• 3 c à soupe de crème fraîche épaisse
• 1 c à soupe de beurre demi-sel mou
• sel et poivre blanc moulu

Matériel :
• 4 ramequins à la taille des tomates,
1 grand plat pour les contenir
• 1 jatte

Par personne :
300 calories/1379 K joules

VINS

BLANC
Hermitage de 2 à 3 ans / servir à 10°
Seyssel de 1 à 2 ans / servir à 9-10°

Découpez le chapeau des tomates. Retirez la chair à la petite cuillère et retournez les légumes pour les faire égoutter (la pulpe de tomates vous servira à faire un coulis, (voir chapitre "Préparations de base").
• Hachez fin les champignons nettoyés, l'œuf dur, le jambon. Mettez le hachis dans la jatte avec la mie de pain, les herbes, 1 cuillère de crème fraîche, sel et poivre. Mélangez bien.
• Battez l'œuf. Ajoutez au mélange et travaillez encore pour homogénéïser. Réservez.
• Beurrez au pinceau les 4 ramequins. Remplissez aux trois-quarts chaque tomate avec le mélange. Tassez bien avec les doigts et/ou une cuillère.
• Cassez un œuf dans chaque "tomate-récipient". Cachez-le sous 1/2 cuillère de crème fraîche. Salez et poivrez discrètement.
• Posez le chapeau, déposez la tomate dans son ramequin et celui-ci sur le plat et ainsi de suite en espaçant bien les ramequins.
• Enfournez à pleine puissance 4 mn. Faites pivoter d'1/2 tour chaque ramequin à mi-cuisson.
• Laissez reposer 1 mn avant de retirer le chapeau et de déguster à la petite cuillère.

* Œufs Cocotte (version provençale) :
La préparation sera la même mais on supprimera, dans le hachis, le jambon, la crème fraîche et le beurre. Les ramequins seront huilés, huile d'olive bien-sûr, et les herbes seront impérativement, persil plat, fenouil ou menthe et basilic. On ajoutera la pulpe retirée de la tomate, bien égouttée et hachée, de l'ail, 2 gousses hachées fin et 4 anchois (en boîte) avec un peu de leur huile et des câpres s'il y en avait. On coiffe du chapeau et on cuit 3 ou 4 mn, selon que l'on désire un œuf plus ou moins cuit, en tournant le ramequin sur lui-même après 1 mn 30. Repos d'1 mn puis dégustation immédiate.

OEUF BROUILLES AUX CRUSTACES

Mélangez la sauce Béchamel avec le coulis de tomates et le Tabasco.
• Décortiquez le crustacé choisi et émiettez sa chair. Conservez, s'il s'agit d'un crabe, quelques beaux morceaux de chair pour la décoration.
• Versez un peu de sauce au fond du récipient de service, répartissez la chair émiettée et quelques crevettes. Réservez 3 crevettes et 2 petits morceaux de crabe par personne. Nappez du reste de sauce et laissez en attente.
• Battez les œufs dans une jatte avec le reste de beurre fragmenté, du sel et du poivre. Déchiquetez 2 branches de cerfeuil, réservez la dernière branche. Couvrez et mettez la jatte dans le four à micro-ondes à th. 6 pour 1 mn. Sortez-la, remuez les œufs à la cuillère, recouvrez pour encore 1 mn de cuisson. Sortez de nouveau (ce sera la dernière fois et remuez encore). Recouvrez et laissez reposer 1 mn.
• Ciselez la dernière branche de cerfeuil.
• Découvrez la jatte. Répartissez les œufs brouillés encore assez liquides dans le (les) récipient(s) de service. Mélangez délicatement.
• Décorez avec les dés de crustacés et les crevettes réservées en les enfonçant un peu dans le mélange. Posez le couvercle et mettez dans le four à micro-ondes pour réchauffer à th. 9 pendant 30 ou 50 secondes, si vous aimez les œufs plus cuits.
• Parsemez de pluches de cerfeuil avant de servir chaud.

* Sur ce même principe, vous préparerez des œufs brouillés à l'oseille, aux épinards, aux pointes d'asperges, au jambon, aux champignons etc... L'ingrédient à incorporer doit être toujours cuit et encore tiède si possible (si vous utilisez des restes d'aliments conservés au réfrigérateur, pensez à les sortir à l'avance et à les passer au four à position décongélation ou réchauffage).

Pour 4 personnes
Préparation : 10 à 12 mn
Cuisson : 4 mn environ

Ingrédients :
• 8 œufs très frais
• 600 g de chair de tourteau ou d'araignée cuit
• 100 g de crevettes décortiquées
• 30 cl de sauce Béchamel (voir chapitre "Sauces")
• 1 c à soupe de coulis de tomates (voir chapitre "Préparations de base")
• quelques gouttes de Tabasco
• 1 c à soupe de beurre
• 3 branches de cerfeuil
• sel et poivre blanc moulu

Matériel :
• 4 petits plats creux ou 4 coupelles ou encore 1 seul plat creux rond et du film étirable ou un couvercle à la taille de chaque récipient
• 1 jatte, 1 fouet

Par personne :
552 calories/2309 K joules

VINS

BLANC
Graves de 3 à 4 ans / servir à 9-10°
Jurançon sec de 2 à 3 ans / servir à 8-9°

SALADE DE SAUMON AUX AGRUMES –
Michel TRAMA

Epluchez, lavez et égouttez la salade. Réservez-la dans un linge.
• Emincez le saumon en fines lamelles d'1 mm d'épaisseur que vous disposez en rond au bord de chaque assiette. Salez (quelques grains de gros sel). Couvrez de film et laissez en attente jusqu'au moment de passer à table.
• Au-dessus d'un saladier, pelez à vif le demi-pomelos, l'orange et les citrons verts. Taillez-les en quatre morceaux. Vous ne perdrez ainsi rien du délicieux jus des agrumes.
• Pressez, sur les fruits, le jus d'un citron.
• Passez au mixeur le jus rendu par les fruits avec le sel de céleri, 1 jet de Tabasco, la sauce soja, l'huile d'olive, l'eau bouillante. Faites tourner quelques secondes.
• Versez cette vinaigrette dans le saladier, ajoutez la julienne de gingembre, les morceaux d'agrumes, les baies roses, mélangez délicatement avec le cerfeuil et la coriandre.
• Assaisonnez la salade avec la moitié de la sauce. Reservez l'autre moitié.
• Mettez les assiettes dans le four à micro-ondes à th. 7 pour 35 secondes.
• Sortez et laissez reposer, après avoir retiré le film et en nappant le poisson du reste de sauce vinaigrette. Installez joliment la salade au milieu et servez aussitôt.

Pour 4 personnes
Préparation : 12 mn - Cuisson : 35 sec.

Ingrédients :
• 400 g de saumon frais
• 1 c à soupe de gros sel
• 1 salade frisée

Pour la vinaigrette d'agrumes :
• 1/2 pomelos, 1 orange, 2 citrons verts
• le jus d'1 citron
• 1 pointe de couteau de sel de céleri
• 1 c à café de sauce soja
• 5 c à soupe d'huile d'olive
• 1 c à café de vinaigre de Xérès
• 2 c à soupe d'eau bouillante
• 1 c à café de julienne de gingembre frais
• 1 jet de Tabasco
• 1 c à café de baies roses
• 1 c à soupe de cerfeuil haché
• quelques pluches de coriandre

Matériel :
• 4 assiettes allant au four à micro-ondes
• 1 mixeur

Par personne :
372 calories/1557 K joules

VINS

BLANC
Xérès fino ou Amontillado assez vieux / servir à 8-9°
Vin jaune / Château-Châlon vieux / servir à 10-11°

Pour 4 personnes
Préparation : 12 mn - Cuisson : 16 mn
(pour 1 seul poisson)

Ingrédients :
• 1 loup de 850 g environ ou
2 loups de 400 à 450 g chacun

Pour la farce :
• 100 g de mie de pain rassis
• 1 verre de lait
• 1 oignon moyen, 2 échalotes
• 1 œuf entier
• 1 bouquet de coriandre
• 1 bouquet de persil simple
• sel et poivre noir du moulin

Pour la cuisson :
• 4 très petits oignons blancs
et leur tige verte
• 2 oignons violets
• le zeste d'un citron non traité
• 2 c à soupe d'huile d'olive
• 10 cl (3/4 de verre) de vin blanc sec

Matériel :
• 1 plat creux long
• du film étirable

Par personne :
392 calories/1640 K joules

VINS

BLANC
Chablis de 2 à 3 ans / servir à 8-9°
Pouilly-Fuissé de 1 à 2 ans / servir à 8-9°

LOUP FARCI

Demandez au poissonnier d'écailler et de vider le ou les poissons en le fendant le moins possible.
• Lavez avec soin l'intérieur du poisson et séchez-le bien.
• Préparez la farce : Mixez ou hachez tous les éléments sans oublier le pain trempé dans la crème. Poivrez mais salez très peu.
• Farcissez le ventre du poisson avec le hachis. Ne tassez pas trop mais refermez l'ouverture avec des piques en bois ou cousez-la (grosse aiguille à laine, et fil et non ficelle). Laissez reposer pendant que vous éplucherez les légumes d'accompagnement : oignons violets émincés fin, oignons blancs avec leur tige, zeste de citron émincé très fin.
• Huilez un peu le plat de cuisson. Déposez dedans le poisson* et repartissez de chaque côté les oignons et les brindilles de zeste afin qu'ils baignent bien dans le jus sinon, ils ne seraient pas assez fondants.
• Arrosez de vin blanc puis d'huile (la moitié) mais seulement sur le poisson. Couvrez de film et faites cuire 10 mn à th. 9.
• Sortez le plat, découvrez, arrosez le poisson de son jus et retournez-le. Arrosez d'huile le côté découvert.
• Reposez le film et faites cuire encore 6 mn à th. 8.
• Laissez reposer 3 à 4 mn avant de déposer le poisson sur le plat de service en le décorant de quelques rondelles d'oignons et de lanières de zeste. Salez à votre goût.
• Arrosez-le de sauce, entourez-le du reste de légumes et servez aussitôt avec des pommes de terre ou du riz nature Uncle Ben's. Offrez à part le citron coupé en 4 quartiers.

* Si vous faites cuire 2 poissons au lieu d'un seul plus gros, comptez en temps de cuisson 6 mn à th. 9 et 4 mn à th. 8. Repos de 3 à 3 mn.

POISSONS

Pour 4 personnes
Préparation : 10 mn - Cuisson : 11 mn

Ingrédients :
- 500 g de filets de merlan ou d'églefin
- 200 g de thon rouge ou blanc
- 1/2 verre de vin blanc
- 1/2 verre de Nage de poisson
- 25 cl de crème fraîche
- la mie de 2 petites brioches non sucrées
- 3 œufs entiers
- sel, poivre blanc du moulin

Pour la cuisson :
- 1 c à soupe de beurre
- 1/2 paquet de ciboulette

Matériel :
- 1 plat creux ovale ou
1 petite cocotte et son couvercle
- 1 moule à savarin Pyrex
- du film étirable
- 1 mixeur

Par personne :
622 calories/2602 K joules

VINS

BLANC
Muscadet sur Lie, Vouvray ou Montlouis secs
De 1 à 3 ans / servir à 9-10°

Pour 4 personnes
Préparation : 6 à 8 mn - Cuisson : 8 mn

Ingrédients :
- 650 g de filets de poissons (merlan, Saint-Pierre, sole etc... choisis tous de la même épaisseur)
- 4 blancs de poireaux assez petits
- 4 petites carottes tendres
- 1 botte de petits oignons blancs avec leur tige verte
- 1 bouquet garni (avec céleri)
- 1 c. à soupe rase de beurre demi-sel
- 15 cl de fumet de poisson
- 12 cl de vin blanc sec
- 1 fragment de zeste de citron non traité
- 1 pot (25 cl) de crème fraîche épaisse
- sel, poivre blanc
- pincée de muscade
- 3 branches de cerfeuil
- 1 jaune d'œuf (facultatif)

Matériel :
- 1 cocotte (de la taille des filets) et son couvercle
- 1 écumoire, 1 spatule perforée, 1 petit fouet

Par personne :
485 calories/2027 K joules

VINS

BLANC
Sancerre, Riesling, Pouilly-Fumé
De 1 à 3 ans / servir à 8-9°

BISCUIT DE POISSON

Mettez les filets de merlan dans le plat ou dans la cocotte avec le vin blanc et la nage. Couvrez et faites cuire 1 mn à th. 9.
- Retirez les filets avec une spatule perforée et laissez reposer 2 mn, toujours couvert, dans un plat. Dans le récipient même de cuisson et dans le liquide, déposez la darne de thon. Couvrez et faites cuire 2 mn à th. 8. Laissez reposer couvert.
- Pendant ce repos, épluchez les ciboules et taillez-les en tronçons. Ciselez la ciboulette. Réservez.
- Dans une jatte, battez 1 œuf entier et 2 jaunes (réservez les 2 blancs dans une autre jatte). Salez très peu et poivrez bien.
- Découvrez le récipient où repose le thon. Sortez celui-ci du liquide. A sa place, mettez la mie des brioches. Laissez-la gonfler en buvant le liquide.
- Mixez séparément, avec un peu de brioche, le merlan et le thon.
- Mélangez dans la jatte aux œufs la moitié de la brioche et de son jus, la moitié de la crème fraîche, le sel et le poivre. Ajoutez le thon mixé. Mélangez bien.
- Battez les blancs d'œufs en neige pas trop ferme avec une pincée de sel fin.
- Dans la troisième jatte, mettez la moitié de la brioche et de son jus, de la crème fraîche et ajoutez la chair de merlan. Poivrez et mélangez bien.
- Ajoutez alors les blancs d'œufs.
- Beurrez au pinceau un moule à savarin. Versez dedans une couche de mousse de merlan, puis au milieu, un "boudin" de chair de mousse de thon. Recouvrez de mousse de merlan et fermez par du film étirable.
- Mettez dans le four à micro-ondes et faites cuire 8 mn à th. 9.
- Laissez reposer toujours couvert pendant que vous préparez la sauce : beurre blanc, sauce hollandaise (voir chapitre "Sauces").
- Servez saupoudré de ciboulette ciselée.

* Le biscuit peut se manger froid avec une salade de champignons à la ciboule.

BLANQUETTE DE POISSON

Tronçonnez les poireaux sur 2 cm, coupez les carottes en petits dés réguliers, épluchez les oignons en leur laissant leur tige verte.
- Versez, dans la cocotte, le vin blanc, le fumet et le beurre. Déposez les oignons, les carottes et le bouquet garni. Couvrez et, à toute puissance, cuisez 3 mn.
- Ajoutez les blancs de poireaux, recouvrez et cuisez encore 2 mn.
- Retirez les légumes avec l'écumoire. Mettez-les dans un plat creux.
- Fouettez le jus de citron avec la crème. Disposez les filets de poisson dans la sauce. Recouvrez de légumes, salez un peu, poivrez et saupoudrez de muscade. Recouvrez et faites cuire 3 mn, toujours à th. 9.
- Pendant ce temps, séparez, dans un bol, le jaune du blanc. Effeuillez le cerfeuil.
- Sortez la cocotte, en la penchant, prélevez le maximum de jus que vous ajoutez en fouettant au jaune d'œuf. Reversez dans la cocotte et recouvrez. Laissez reposer 2 mn. La chaleur suffira à achever la cuisson des poissons et à cuire, sans le coaguler, le jaune d'œuf (1).
- Servez saupoudré de cerfeuil.

(1) Si par hasard, la sauce avait commencé à coaguler, il suffira de disposer la blanquette, prélevée avec l'écumoire, sur un plat chaud, et de fouetter très rapidement ou de mixer la sauce qui retrouvera aussitôt sa fluidité.

Biscuit de poisson

POISSONS

Pour 4 personnes
Préparation : 10 mn - Cuisson : 10 mn

Ingrédients :
- 4 beaux filets de sole
- 150 g de champignons
(pleurotes ou de Paris)
- 1 blanc de poireau
- 2 échalotes grises
- 150 g de crevettes grises épluchées
- 15 cl de vin blanc sec
- 15 cl de nage de poisson (voir chapitre
"Préparations de base")
- 20 cl de crème fraîche épaisse
- 1 jaune d'œuf
- sel, poivre blanc, pointe de cayenne
- 50 g de beurre demi-sel

Matériel :
- 1 plat creux et du film
étirable ou 1 couvercle
- 1 petite jatte ou 1 petite cocotte
- 1 fouet

Par personne :
457 calories/1912 K joules

VINS

De nombreux blancs secs peuvent épouser
cette recette :
Muscadet, Gros-Plant, Sancerre, Vouvray, Montlouis,
Touraine, Pouilly-Fumé, Graves, Entre-Deux-Mers
De 2 à 4 ans / servir à 8-9°

SOLE A LA NORMANDE

Rangez les filets de sole dans un plat. Poivrez-les un peu mais ne les salez pas encore. Arrosez-les de vin blanc et de nage. Parsemez de flocons de beurre (20 g environ) et couvrez. Laissez infuser en attente.

- Nettoyez et fractionnez les champignons (la recette classique utilise des champignons de couche, dits de Paris, mais le goût fin des pleurotes convient bien à celui délicat de la sole).
- Pelez et hachez fin les échalotes. Taillez en lanières fines le blanc de poireau. Mettez échalotes, poireau, champignons et le reste de beurre dans la cocotte. Couvrez et mettez dans le four à micro-ondes pour 3 mn de cuisson à pleine puissance. Retirez ensuite et laissez reposer 2 mn.
- Séparez dans un bol le jaune du blanc de l'œuf.
- Mettez le plat des filets de soles dans le four à micro-ondes pour 2 mn de cuisson à th. 8. Retirez et versez le jus dans un bol. Recouvrez les filets pour les garder chauds.
- Ajoutez le jus rendu par les champignons sur les échalotes dans le bol où est déjà le jus de cuisson.
- Disposez, autour des filets de sole, les champignons, les lanières de poireau, les crevettes. Recouvrez et laissez en attente.
- Fouettez le jus du bol en le versant dans la petite cocotte ou la jatte où restent encore les échalotes. Ajoutez la crème et la pointe de cayenne. Mettez la cocotte (ou la jatte) couverte dans le four pendant 3 mn à th. 9 pour faire réduire le jus.
- Sortez la cocotte. Prélevez, avec une petite louche, un peu de jus et versez en filet en fouettant sans cesse (pour ne pas coaguler le jaune) dans le bol. Lorsque ce mélange est homogène, reversez-le tout en fouettant dans la cocotte.
- Arrosez les filets avec cette sauce. Recouvrez et mettez dans le four à micro-ondes pour 2 mn à th. 6 . Laissez ensuite reposer 2 mn.
- Servez sans attendre avec du riz Uncle Ben's ou des pâtes, ou encore des pommes de terre au naturel.

* Si la sauce tournait (œuf trop cuit au moment de la préparation), servez les filets et les légumes dans un plat chauffé et passez la sauce au mixeur. Elle reprendrait immédiatemnet son onctuosité. Passez-la, couverte, 1 mn 30 au four à th. 5 pour la réchauffer et servez aussitôt.
** On peut rajouter, – c'est tout à fait dieppois –, une poignée de moules ouvertes à part (moules marinières, voir chapitre "Poissons") ; leur jus fouetté ira enrichir la sauce.

SAUMON A LA CREME D'OSEILLE

Epluchez, lavez, égouttez l'oseille ou, si vous utilisez de l'oseille en bocal, égouttez-la, rincez-la rapidement à l'eau fraîche, égouttez encore dans une passoire.
- Fendez les darnes de saumon en forme de livre ouvert. Retirez la peau et les arêtes avec soin. Salez très légèrement et poivrez bien des deux côtés. Réservez.
- Déposez le beurre (réservez-en 1 cuillère à café) dans une coupelle à température ambiante.
- Mettez les feuilles d'oseille dans la cocotte avec le beurre réservé, fractionné en copeaux et le sucre. Couvrez et mettez au four pour 1 mn à th. 5. Puis laissez reposer 1 mn hors du four à micro-ondes.
- Mettez la coupelle pour 30 secondes à th. 2.
- Hachez très finement l'échalote.
- Sortez la coupelle, le beurre doit juste fondre.
- Passez le pinceau largement trempé dans le beurre sur tout le fond du plat. Eparpillez-y l'échalote, couvrez et enfournez à th. 5 pour 2 mn. Laissez reposer 1 mn.
- Faites égoutter l'oseille pendant ce temps.
- Déposez les darnes de saumon sur le hachis. Passez le pinceau trempé dans le reste de beurre sur le poisson et arrosez de fumet. Couvrez et remettez au four pour 1 mn 30 de chaque côté à th. 6. Vous pouvez le faire cuire à l'unilatéral, c'est-à-dire d'un seul côté en comptant 2 mn. Laissez reposer 2 mn.
- Mixez pendant ce temps l'oseille avec la crème fraîche. Ajoutez le jus en penchant le plat rendu par le poisson. Mixez encore quelques secondes.
- Chauffez un plat assez grand pour les 4 morceaux de poissons ou, si vous préférez, 4 assiettes.
- Versez de la sauce au fond. Déposez les darnes de poisson dessus.
- Parsemez de baies roses et servez aussitôt avec un riz nature Uncle Ben's ou des pâtes.

Pour 4 personnes
Préparation : 12 mn
Cuisson : 7 mn 30 en tout

Ingrédients :
- 4 darnes de saumon frais de 180 g chacune
- 100 g d'oseille fraîche ou 1 bocal d'oseille au naturel de 37,5 cl
- 1 belle échalote grise
- 1 pincée de sucre en poudre
- 10 cl de crème fraîche
- 1 c 1/2 à soupe de beurre demi-sel
- 1 c à café rase de baies roses
- sel, poivre du moulin

Matériel :
- 1 grand plat creux ovale et son couvercle
- 1 petite cocotte en faïence ou en verre

Par personne :
412 calories/1724 K joules

VINS

Deux politiques à cause de l'oseille : les blancs secs ou doux.
SECS
Graves, Jurançon, Montlouis, Vouvray, Muscadet, Côtes-de-Provence de 2 à 3 ans / servir à 8-9°
DOUX
(mœlleux ou légèrement liquoreux)
Sauternes, Barsac, Céron, Monbazillac jeunes : de 1 à 2 ans / servir à 7-8°

GRONDINS EN JARDINIERE

Taillez le fenouil, le céleri et les carottes en fine julienne. Mettez le beurre dans une cocotte, ajoutez les légumes, couvrez et faites étuver 4 minutes à pleine puissance. Salez puis laissez reposer.
- Coupez en fines rondelles les tomates et la courgette, rangez-les sur un plat ovale ou rond en les alternant et en les faisant se chevaucher en une seule couche. Arrosez d'1 cuillère à café d'huile et parsemez de thym. Faites cuire couvert 3 minutes à pleine puissance. Salez et laissez reposer.
- Préchauffez 5 minutes une sauteuse à brunir.
Pendant ce temps, assaisonnez les grondins vidés. Arrosez-les avec le reste d'huile et faites-les cuire à th. 9, 1 mn de chaque côté en couvrant. Salez et poivrez. Prélevez du jus de légumes et arrosez les poissons. Recouvrez et faites encore cuire 2 mn 30. Repos de 2 mn.
- Servez les grondins rangés sur la julienne entourés des légumes. Arrosez de citron.

Pour 4 personnes
Préparation : 8 mn
Cuisson : 11 mn 30

Ingrédients :
- 4 petits grondins de 275 à 300 g
- 1/2 bulbe de fenouil
- 2 branches de céleri
- 2 carottes / 1 courgette
- 2 tomates
- 20 g de beurre
- 4 c. à soupe d'huile d'olive
- 1 c. à soupe de fleurs de thym
- Le jus d'1 citron non traité
- Sel et poivre blanc du moulin

Par personne :
460 calories/1943 K joules

VINS

BLANC
Côtes du Rhône, St. Joseph, Condrieu, St. Péray, Hermitage, Côtes de Provence, Cassis
De 2 à 3 ans / servir à 8-9°

LISETTES AU VINAIGRE DE CIDRE
(NORMANDIE)

Pour 4 personnes
Préparation : 10 mn - Cuisson : 8 mn 30

Ingrédients :
- 12 petits maquereaux de ligne de même taille ou lisettes
- 1 belle carotte, 1 oignon moyen
- 1 bouquet garni
- 1 citron non traité
- 35 cl de vinaigre de cidre
- 1/2 morceau de sucre
- 1 dizaine de grains de coriandre
- 1 noisette de beurre
- sel, 1 c à café de poivre fraîchement moulu un peu gros

Matériel :
- 1 plat rectangulaire ou ovale ou 1 terrine (moule à cake) et son couvercle
- 1 spatule

Par personne :
400 calories/1672 K joules

VINS

Pourquoi ne pas accompagner ce plat de cidre sec ?
Sinon :
BLANC
Muscadet, Vins blancs du Haut Poitou et de Thouarsais, Savennières, Coteaux du Loir, Jasnières
De 1 à 2 ans / servir à 8-9°

Faites vider les maquereaux par les ouies (votre poissonnier fera ce travail délicat) pour ne pas abîmer le ventre. Lavez-les, essuyez-les et assaisonnez l'intérieur par les ouies.
- Emincez très finement la carotte et l'oignon épluchés. Mettez-les dans un plat creux ou une terrine de la taille des poissons. Ajoutez le bouquet garni, le sucre, le vinaigre de vin, les grains de coriandre, le poivre. Couvrez et faites cuire 5 mn à th. 9.
- Pendant ce temps, lavez le citron et coupez-le en fines tranches. Retirez les pépins.
- Sortez le récipient du four. Avec une spatule perforée, prélevez la moitié des rondelles d'oignons et de carottes.
- Rangez les lisettes, recouvrez de rondelles de légumes, tête-bêche (pour une cuisson plus régulière) et faites cuire à la puissance maximum 3 mn 30.
- Laissez reposer et refroidir dans le récipient avant d'entreposer au réfrigérateur.

* Ce délicat plat dieppois (les amateurs viennent à Dieppe le déguster au petit matin dans les bistrots du port) se mange froid avec du pain grillé beurré encore brûlant et un cidre sec servi frais. S'il en reste, vous le garderez 3 à 4 jours au frais.

** Truc : Si vous n'avez trouvé que des maquereaux de taille normal (200 g environ non vidés), prenez-en 1 par personne et faites-les vider par votre poissonnier. Plus gros, il faudra couper la tête et le tronçonner en trois ou quatre parts. La cuisson sera alors, selon la taille, de 7 à 10 mn et il faudra à mi-cuisson retourner les morceaux.

*** En accompagnement : des pommes de terre en "robe de chambre" à cuire juste avant les poissons.

LOTTE CLOUTEE EN VINAIGRETTE
Michel TRAMA

Pour 4 personnes
Préparation : 10 à 15 mn - Cuisson : 6 mn

Ingrédients :
- 500 g de lotte
- 250 g de carottes longues
- 250 g de navets longs
- 3 c à soupe d'huile d'olive

Pour la vinaigrette d'herbes :
- cerfeuil, persil, ciboulette, estragon...
- le jus d'1/2 citron
- 10 cl d'huile d'olive 1ère pression à froid
- sel, 3 tours de moulin à poivre

Matériel :
- 1 plat rond creux en Pyrex, un couvercle ou du film
- 1 aiguille à larder

Par personne :
432 calories/1808 K joules

VINS

BLANC
Meursault, Montrachet, Pouilly-Fuissé
De 3 à 4 ans / servir à 8-9°

Tronçonnez la lotte sur 10 cm de long et 3 cm de diamètre.
- Taillez les légumes en bâtonnets de même longueur et de même section que le poisson. Enfilez-les dans le sens de la longeur de chaque tronçon de poisson.
- Versez 3 cuillères d'huile dans un plat creux en Pyrex. Roulez dedans les tronçons de lotte.
- Couvrez le plat (couvercle de verre ou film). Mettez, dans le four à micro-ondes Toshiba à th. 8 pour 6 mn. Laissez reposer 4 mn puis assaisonnez à votre goût.
- Déposez 2 morceaux de lotte par assiette et nappez de vinaigrette d'herbes.

* Vous pouvez "clouter" la lotte avec des anchois (dans ce cas, ne salez pas) ou des lanières de poivron rouge.

Lotte cloutée en vinaigrette

Pour 4 personnes
Préparation : 15 mn - Cuisson : 9 mn

Ingrédients :
• 6 petits rougets en filets
• 1/2 bulbe de fenouil
• 2 branches de céleri
• 2 carottes, 1 courgette,
1 aubergine, 2 tomates
• 4 c à soupe d'huile d'olive
• 1 c à café de fleurs de thym
• 1 citron
• sel et poivre, pincée d'origan

Matériel :
• 1 sauteuse à brunir
• 1 cocotte et son couvercle

Par personne :
400 calories/1672 K joules

VINS

BLANC
Hermitage, Châteauneuf-du-Pape
De 2 à 3 ans / servir à 9-10°
ROUGE
Côtes de Provence, Faugères, St. Chinian,
Costières du Gard
De 3 à 4 ans / servir à 13-14°

ROUGETS AUX LEGUMES

Faites lever les filets, en conservant la peau, par votre poissonnier.

• Effilez le fenouil et le céleri et coupez-le en fine julienne. Coupez en fins bâtons les carottes pelées.

• Mettez 20 g de beurre dans la cocotte, ajoutez les légumes, couvrez et faites cuire à th. 7, pendant 5 mn.

• Coupez l'aubergine, les tomates et la courgette en fines rondelles et rangez-les sur un plat en alternant et en les faisant se chevaucher en une seule couche. Arrosez de 2 cuillères d'huile d'olive et parsemez de thym. Faites cuire 3 mn couvert, à th. 9.

• Préchauffez la sauteuse pendant 2 mn. Assaisonnez les filets de rougets de sel et de poivre.

• Quand la sauteuse est chaude, ajoutez le reste d'huile et faites cuire les rougets à th. 9, en couvrant, 1 mn (côté peau à l'extérieur).

• Dressez la julienne de légumes au milieu d'un plat, entourez des tomates, aubergines et courgettes. Disposez les filets de rouget dessus. Arrosez d'un filet de citron.

* Peut se servir en entrée.

Pour 4 personnes
Préparation : 3 mn - Cuisson : 8 mn (gros
rougets 200 g), 6 mn 45 (petits rougets)

Ingrédients :
• 4 ou 8 rougets barbets
• 20 cl de vin blanc sec
• 1 petite feuille de laurier frais
• 1 branchette de romarin
• 1 citron non traité + le zeste d'un second
• 1 oignon, 1 gousse d'ail
• 3 c à soupe d'huile d'olive
• sel et poivre du moulin

Matériel :
• 1 plat à brunir à la taille des 4 à 8 rougets
• 1 cocotte et son couvercle
ou du film étirable

Par personne :
330 calories/1379 K joules

VINS

BLANC
Châteauneuf-du-Pape 2 à 3 ans / servir à 9°
ROSE
Tavel de 1 ou 2 ans / servir à 7°
ROUGE
Côtes du Ventoux, Côteaux du Tricastin / servir à 13°

ROUGETS BARBETS A LA PROVENCALE

Lavez le zeste de citron. Taillez-le en fines lanières. Hachez gros l'oignon et plus fin l'ail. Séparez les brindilles de la branche de thym, émiettez la feuille de laurier. Emincez le citron lavé et non zesté.

• Rassemblez tous ces ingrédients dans une cocotte avec le vin blanc et 2 cuillères d'huile d'olive. Couvrez et faites cuire à pleine puissance 5 mn. Laissez reposer 5 mn.

• Faites chauffer le plat à brunir. Ajoutez la dernière cuillère d'huile.

• Déposez les rougets (non vidés, s'ils sont petits) dans le plat pour 2 mn à pleine puissance puis 3 mn sur l'autre côté ou 1 mn puis 45 secondes de l'autre (pour les petits). Laissez reposer 2 mn avant de les déposer dans la cocotte nappés de sauce ou rangez les rougets sur un joli plat et couvrez de sauce.

• Servez aussitôt avec des courgettes glacées (voir chapitre "Légumes") et un peu de coulis de tomates.

* Aussi bon froid que chaud, une excellente entrée d'été.

Rougets barbets à la provençale

Pour 4 personnes
Préparation : 10 mn - Cuisson : 11 mn 30,
12 mn environ en tout
(selon les champignons
et les crustacés choisis)

Ingrédients :
• 40 bouquets ou 24 écrevisses ou
encore 24 langoustines
• 20 cl de nage de poisson (voir chapitre
"Préparations de base")
• 4 petits oignons frais avec du vert
• 2 échalotes, 1 gousse d'ail
• 125 g de champignons divers
• 1 c à soupe de beurre
• 1 c à café d'huile d'arachide
• quelques branches de différentes herbes
• 20 cl de crème fraîche
• sel et poivre moulu frais

Matériel :
• 1 cocotte (ou 2 si vous voulez
éviter le transfert des légumes)
et son couvercle

Par personne :
432 calories/1808 K joules

VINS

BLANC
Entre Deux-Mers, Graves, Jurançon sec,
Muscadet, Sylvaner, St. Véran
De 1 à 2 ans / servir à 8-9°

CRUSTACES EN FOLIE

Epluchez et nettoyez tous les légumes. Laissez les petits oignons entiers s'ils ne sont pas trop gros, sinon coupez-les en deux. Emincez les champignons selon leur espèce et leur grosseur. Hachez fin les échalotes et l'ail. Réservez.
• Si les bouquets sont gros, coupez-les en deux sans les séparer tout à fait et ouvrez-les. Fendez en deux dans la longueur les langoustines et les écrevisses. Retirez à ces dernières le petit filet noir qui est l'intestin.
• Faites fondre la moitié du beurre et de l'huile dans la cocotte. Ajoutez-y le hachis d'échalotes et d'ail, couvrez et faites cuire à th. 9 pendant 2 mn.
• Retirez le maximum de hachis avec une écumoire pour ne pas entraîner la graisse. Mettez en attente dans une seconde cocotte et couvrez.
• Mettez les petits oignons à cuire dans ce qui reste de matière grasse, couvrez et enfournez à th. 8 pour 3 mn.
• Répartissez ensuite dessus, les champignons que vous arroserez de 3 cuillères de fumet. Couvrez et faites cuire 2 mn 30 (champignons de Paris) et 4 mn (champignons sauvages).
• Laissez reposer 1 mn puis retirez le jus de cuisson. Recouvrez.
• Pendant ce temps, lavez, séchez et ciselez les herbes.
• Versez le contenu de la cocotte, moins le jus, dans un plat creux chauffé. Tenez couvert chaud. Mettez la nage dans la cocotte et faites chauffer à pleine puissance 1 mn 30.
• Mettez aussitôt les crustacés dans la nage. Ajoutez le hachis réservé et le liquide rendu par les champignons. Couvrez et faites cuire à th. 7 pendant 2 mn.
• Déposez les crustacés et leur jus au centre du plat sur les légumes, couvrez le plat de film et passez 30 secondes à toute puissance pour réchauffer.
• Saupoudrez d'herbes et servez aussitôt.

Pour 4 personnes
Préparation : 5 mn, à commencer 24 h
à l'avance
Cuisson : 12 mn en tout

Ingrédients :
• 600 g de morue salée entière
ou en filets
• 4 belles tomates
• 2 oignons moyens, 1 gousse d'ail
• 10 cl d'huile d'olive fruitée
• 1 verre de Côtes-du-Roussillon blanc
• 2 c à soupe d'herbes diverses
de la garrigue
• poivre du moulin, un peu de sel

Matériel :
• 1 plat creux à brunir
• du film étirable

Par personne :
430 calories/1797 K joules

VINS

BLANC
Côtes du Roussillon de 1 à 2 ans / servir à 8-9°
ROUGE
Côtes du Roussillon de 2 à 3 ans / servir à 13-15°

MORUE DE COLLIOURE

Faites dessaler, 24 h à l'avance, la morue à l'eau fraîche courante et souvent renouvelée (2 ou 3 h suffiront pour les filets).
• Le lendemain, hachez les oignons et l'ail. Coupez les tomates en tranches épaisses, sans les peler, ni les épépiner.
• Faites chauffer 5 mn le plat à brunir puis ajouter la moitié de l'huile. Remettez au four pour 30 secondes.
• Répartissez, sans épaisseur, le hachis d'ail et d'oignons dans l'huile et enfournez pour 1 mn à th. 9.
• Ajoutez les tranches de tomates côte-à-côte, sans qu'elles se chevauchent, saupoudrez d'herbes, arrosez d'un peu d'huile. Faites cuire 5 mn à th. 9.
• Egouttez la morue, séchez-la, coupez-la en morceaux.
• Retirez, avec une spatule, la moitié des tomates (une sur deux) et déposez les morceaux de morue. Recouvrez avec les rondelles de tomates, saupoudrez du reste d'herbes et d'huile. Poivrez, couvrez et faites cuire 4 mn à th. 9.
• Après ce temps, sortez le plat, découvrez-le, penchez-le pour prélever du jus de cuisson avec lequel vous arroserez la morue. Recouvrez et faites cuire encore 2 mn à th. 8.
• Laisser reposer 4 mn, puis servez avec un riz créole ou une purée de pommes de terre et le même Côtes-du-Roussillon blanc bien frais.

Morue du vendredi saint

Si vous prenez de la morue salée, faites-la déssaler 24 h à l'avance en laissant couler un filet d'eau froide ou en renouvelant souvent l'eau. Le sel tombant au fond du récipient, il est prudent de poser la morue dans une passoire. Les filets ne se déssalent (voir indications sur la boite) que 6 à 8 h, selon la provenance.

• Le lendemain, mettez, dans la cocotte, la morue (coupée en morceaux si elle est entière) recouverte d'eau. Ajoutez-y les pommes de terre épluchées mais entières. Couvrez et faites cuire à th. 8 jusqu'à presque frémissement (ce qui demande environ 5 mn).

• Retirez du four et sortez la morue de l'eau. Laissez y les pommes de terre, couvercle posé et cuisez-les 5 mn à th. 9.

• Vous avez, pendant ce temps, émincé les oignons, écrasé l'ail, pelé et concassé les tomates.

• Faites chauffer le plat à brunir avec l'huile. Mettez-y les oignons pour 2 mn à th. 9, sans couvrir. Ajoutez l'ail et cuisez 1 mn à th. 9.

• Répartissez les tomates concassées, saupoudrez de sarriette (ou à défaut de thym), couvrez et laissez cuire 2 mn, juste le temps d'émincer finement (avec la mandoline) les pommes de terre que vous ajoutez, en les enfonçant, dans la purée d'oignons et de tomates. Parsemez de la moitié de beurre, couvrez et faites cuire 2 mn à th. 7.

• Effeuillez la morue dans une assiette creuse, poivrez-la bien et saupoudrez-la de quatre-épices.

• Sortez le plat, rangez la morue sur les légumes, versez la crème fraîche et remettez, couvert, 1 mn à th. 8.

• Laissez reposer 3 mn. Pendant ce temps, ciselez le persil.

• Servez dans le plat après avoir disposé le persil sur la morue.

* Avec des œufs pochés, c'est un délicieux et très nourrissant plat unique.

Pour 4 personnes
Préparation : 10 mn
(à commencer la veille)
Cuisson : 19 mn en tout

Ingrédients :
• 500 g de morue salée ou en filets demi-sel
• 2 oignons moyens, 3 gousses d'ail
• 5 tomates moyennes, 4 petites pommes de terre
• 1 c à soupe d'huile d'arachide
• 1 c à soupe de beurre demi-sel
• 1 petit bouquet de persil simple
• 1 pincée de sarriette
• 40 cl de crème fraîche
• sel et poivre blanc, 1 pincée de quatre-épices

Matériel :
• 1 plat creux à brunir et son couvercle
• 1 cocotte

Par personne :
590 calories/2466 K joules

VINS

BLANC
Picpoul de Pinet, Côtes de Provence (à dominante d'Ugni blanc), Bellet de Nice, Corbières, Costières du Gard
De 2 ans/ servir à 8-10°

Haddock au chou

Coupez le haddock en gros dés (essayez de ne pas acheter un morceau d'inégale épaisseur, cette recette, pour être réussie demande des morceaux d'égale grosseur et pas trop minces). Roulez-les dans le curry et laissez en attente, couvert.

• Hachez fin l'oignon et l'ail. Recouvrez-en le haddock et laissez macérer pendant que vous épluchez le chou que vous coupez en tranches (les lanières de feuilles se déferont à la cuisson) et que vous faites cuire 10 mn dans une cocotte avec 1 verre d'eau, couvercle posé, à pleine puissance. Laissez reposer 2 mn avant d'égoutter soigneusement.

• Faites cuire les gros dés de haddock dans la cocotte avec la nage froide. Couvrez et comptez 3 mn à th. 9.

• Retirez le couvercle, faites pivoter les dés de poisson sens dessus-dessous. Recouvrez et faites encore cuire 2 mn. Sortez-les pour une post cuisson de 2 mn, toujours couverts, et dans leur nage.

• Epongez bien les feuilles de chou et étalez-les sur un linge ou du papier absorbant.

• Mettez la crème dans un bol et délayez-la avec de la nage de cuisson, oignons et échalotes compris. Ajoutez la ciboulette.

• Prélevez les dés de haddock, disposez-les par 3 ou 4 sur 1 ou 2 feuilles de chou (selon leur grandeur), poivrez et arrosez de crème à la ciboulette.

• Refermez les feuilles de chou. Rangez-les dans la cocotte sans nettoyer celle-ci où il restera un peu de nage et de hachis d'oignons et échalotes, et recouvrez des dernières feuilles de chou. Arrosez avec le reste de crème/nage/ciboulette. Recouvrez et réchauffez la cocotte 2 mn à pleine puissance.

• Servez immédiatement sur des assiettes chaudes avec des pommes de terre ou du riz Uncle Ben's.

Pour 4 personnes
Préparation : 10 mn en tout
Cuisson : 10 mn pour le chou, 7 mn pour la finition du plat

Ingrédients :
• 750 g de haddock
• 1 verre de Nage de poisson (voir chapitre "Préparations de base")
• 1 c à café de curry
• 1 petit cœur de chou vert
• 1 oignon, 1 gousse d'ail
• 1 c à café de beurre.
• 4 c à soupe de crème fraîche
• 1 c à soupe de ciboulette ciselée
• pas de sel, poivre blanc moulu

Matériel :
• 1 cocotte moyenne et son couvercle
• 1 plat rond creux
• du film étirable

Par personne :
282 calories/1181 K joules

VINS
Le chou ne prédispose pas à un grand vin.
Le vin blanc doit être assez corsé et épicé.
Le vin rouge (si vous préférez), plutôt rustique et charpenté.
BLANC
Condrieu, Pinot d'Alsace
De 2 ans / servir à 8-9°
ROUGE
Minervois, Vins de Corse (Sartène, Calvi, Figari, Côteaux du Cap Corse, Porto-Vecchio...)
De 3 à 4 ans / servir à 13-14°

Haddock au chou

SAUMON AUX TOMATES ET AU BASILIC

Pour 4 personnes
Préparation : 6 mn
Cuisson : 8 mn 30 en tout

Ingrédients :
• 4 darnes de saumon de 200 g chacune
• 20 cl de Nage de poisson (voir chapitre "Préparations de base")
• 1/2 citron non traité
• 2 tomates moyennes
• 1 gros oignon, 2 gousses d'ail
• 1 c à soupe d'huile d'olive
• 1 branche de basilic à grosses feuilles
• sel, poivre blanc moulu

Matériel :
• 1 cocotte assez large et son couvercle
• de la ficelle de cuisine

Par personne :
495 calories/2069 K joules

VINS

BLANC
Jurançon, Vouvray demi-secs
De 3 à 4 ans / servir à 9-10°
ROUGE
Touraine, Rouge du Béarn
De 2 ans / servir à 13-14°

Epluchez l'oignon et coupez-le en rondelles assez fines, écrasez et hachez l'ail épluché.
• Pelez les tomates, épépinez-les et concassez-les. Coupez le 1/2 citron, lavé, en rondelles fines.
• Effeuillez le basilic. Conservez la tige.
• Versez l'huile dans la cocotte et mettez dans le four à micro-ondes à th. 9 pour chauffer. Ajoutez l'ail et l'oignon. Couvrez et faites étuver 2 mn. Laissez reposer 1 mn, toujours couvert.
• Pendant ce temps, roulez les 2 bouts de darnes sur les feuilles de basilic. Ficelez pour garder en forme la tranche de poisson.
• Versez la nage dans la cocotte avec la branche de basilic cassée en quatre.
• Déposez les darnes dans la cocotte et parsemez-les de tomates concassées, poivrez et recouvrez de rondelles de citron.
• Couvrez et faites cuire 3 mn à th. 9.
• Retournez les darnes, recouvrez et faites cuire encore 2 mn 30.
• Laissez reposer 1 mn avant de servir dans la cocotte.

* Un riz nature Uncle Ben's, des pâtes fraîches, des pommes de terre en "robe de chambre" seront l'accompagnement classique mais idéal.

** Variante : Vous pouvez disposer le poisson avec les légumes choisis et ajouter un "trait", pas plus, de pastis au jus de citron. Avec des pâtes, de gros coudes, ce sera très provençal.

*** Le poisson seul peut être servi froid en entrée avec une salade de courgettes.

CROQUETTES DE POISSON

Pour 4 personnes
Préparation : 12 à 15 mn - Cuisson : 6 mn

Ingrédients :
• 500 g de haddock
• 250 g de filets de merlan
• 1 gros oignon, 1 gousse d'ail
• 1 "orange" de mie de pain
• 1 verre de lait
• 1 bouquet garni
• 30 g de noisettes en poudre
• 1 petit bouquet de persil simple
• 1 branche d'aneth
• le jus d'1/2 citron
• 40 g de beurre
• sel et poivre, muscade

Matériel :
• 1 plat creux, 1 jatte
• 1 mixeur

Par personne :
357 calories/1494 K joules

VINS

BLANC
Sauvignon du Haut Poitou, Bourgogne Aligoté, Tokay
De 2 ans / servir à 8-9°

Faites chauffer le lait dans la jatte 1 mn à th. 9. Retirez du four à micro-ondes et mettez la mie de pain à gonfler dans le lait chaud.
• Epluchez l'oignon, l'ail. Coupez-les en morceaux. Effeuillez le persil, bottelez les tiges avec le bouquet garni. Ciselez l'aneth.
• Essorez bien le pain, versez le lait dans le plat. Laissez en attente avec le bouquet garni.
• Passez au mixeur les deux poissons, le persil effeuillé, l'ail et l'oignon. Salez très peu à cause du haddock. Poivrez bien et muscadez à votre goût. Versez tout ceci dans la jatte avec le pain et la poudre de noisettes. Mélangez encore et, avec les mains mouillées, façonnez le hachis en 12 à 15 boulettes que vous aplatissez avec la paume de la main.
• Ajoutez 1 verre d'eau froide au lait resté dans le plat et un fragment de zeste de citron. Déposez les boulettes dans le plat (veillez à ce que le niveau liquide arrive à la moitié de la hauteur des croquettes, sinon rajoutez un peu de lait). Couvrez et faites pocher à th. 5 pendant 2 mn. Retournez les croquettes et laissez-les finir de cuire à th. 7 pendant 2 mn, à th. 9 pendant 1 mn.
• Comptez un temps de repos de 4 mn avant de les égoutter.
• Servez-les aussitôt avec un riz au naturel Uncle Ben's et un beurre blanc (voir chapitre "Sauces") ou un coulis de tomates (voir chapitre "Préparations de base").

Saumon aux tomates et au basilic

COQUILLES SAINT-JACQUES AU FENOUIL

Taillez le bulbe épluché en fines lanières, émincez les blancs de poireaux. Ecrasez l'ail épluché puis hachez-le finement.

● Passez un pinceau beurré au fond du plat. Répartissez les lanières de fenouil et les émincés de poireaux. Ajoutez le vin blanc. Couvrez et cuisez 6 mn à th. 9.

● Arrosez les Saint-Jacques de jus de citron. Poivrez-les et saupoudrez de cayenne.

● Sortez le plat. Ajoutez la crème et le jus de citron des coquilles, remuez. Ecartez les légumes vers le bord, puis déposez, au centre, les noix et le corail. Recouvrez avec les légumes. Salez un peu. Posez le couvercle et faites cuire 1 mn à th. 8.

● Laissez reposer couvert 2 mn.

● Servez aussitôt dans des assiettes chaudes.

Pour 4 personnes
Préparation : 8 mn - Cuisson : 7 mn

Ingrédients :
● 4 noix de Saint-Jacques avec leur corail
● 1 bulbe de fenouil bien tendre
● 2 blancs de poireaux moyens
● 1 petite gousse d'ail
● 1 c à café de beurre
● le jus d'1/2 citron non traité
● 2 c à soupe de vin blanc sec
● 12 cl de crème fraîche
● sel, poivre blanc moulu, cayenne

Matériel :
● 1 plat rond creux et son couvercle

Par personne :
200 calories/836 K joules

VINS

BLANC
Chassagne-Montrachet, Puligny-Montrachet
De 3 à 4 ans / servir à 9°
Vouvray, Savennières de 2 à 3 ans / servir à 9°

PETITS PAVES DE LOTTE AU SAFRAN ET AU FENOUIL

Levez les filets de chaque côté du cartilage dorsal (la lotte n'a pas d'arête). Coupez-les en 8 cubes d'égale grosseur. Déposez-les dans une cocotte, nappez-les d'huile et retournez-les. Poivrez-les, mais ne salez pas encore. Parsemez-les de grains de poivre et de baies roses. Laissez-les en attente.

● Epluchez, lavez, égouttez les bulbes de fenouil. Coupez-les en deux. Déposez-les dans une petite cocotte avec la nage et 1 c à soupe de jus de citron. Poivrez un peu, ne salez pas. Couvrez et mettez à cuire 6 mn à th. 9. Laissez reposer 2 mn.

● Arrosez les cubes de lotte de nage froide. Egouttez les fenouils, versez leur jus sur le poisson. Recouvrez les légumes pour qu'ils restent chauds.

● Mettez le poisson à cuire, couvert, pour 2 mn à th. 9. Saupoudrez de safran, recouvrez, salez un peu, basculez les cubes sens dessus-dessous. Faites cuire encore 2 mn à th. 9. Laissez reposer 3 mn.

● Rangez dans un plat de service les cubes de lotte et les demi-bulbes de fenouil. Ajoutez les olives noires et récupérez bien les grains de poivre et les baies roses. Dispersez-les sur les ingrédients. Couvrez et tenez au chaud.

● Mélangez les 2 jus (de fenouil et de lotte) dans la petite cocotte. Mettez dans le four à micro-ondes, couvert pour 30 secondes de réchauffage à pleine puissance.

● Sortez et versez sur le plat à servir. La chaleur du jus suffira à réchauffer le plat. Servez aussitôt.

Pour 4 personnes
Préparation : 12 mn - Cuisson : 10 mn 30

Ingrédients :
● 800 g de lotte (prise près de la tête)
● 4 bulbes de fenouil
● 2 c à soupe de jus de citron non traité
● 1 c à soupe d'huile d'olive
● 1 dose de safran en poudre
● 1 pincée de poivre vert,
1 de baies roses
● 1 douzaine d'olives noires dénoyautées
● 1 tasse à thé (25 cl environ)
de Nage de poisson
(voir chapitre "Préparations de base")
● sel, poivre

Matériel :
● 1 cocotte à la taille de tous
les morceaux côte à côte
● 1 petite cocotte et son couvercle

Par personne :
320 calories/1337 K joules

VINS

BLANC
Meursault, Montrachet de 3 à 4 ans / servir à 9-10°
Mâcon-Villages de 2 ans / servir à 8-9°

Petits pavés de lotte au safran et au fenouil

GAMBAS AUX COURGETTES

Pour 4 personnes
Préparation : 10 mn
Cuisson : 9 mn 30 en tout

Ingrédients :
- 16 gambas ou 12 langoustines fraîches
- 1 gousse d'ail
- 1 verre (16 cl environ) de Nage de Poisson (voir chapitre "Préparations de base")
- 4 petites courgettes
- 1 branche de coriandre
- 1 noix de beurre demi-sel
- 1 poivron rouge cuit et pelé (voir chapitre "Préparations de base")
- 1 citron non traité
- sel, poivre blanc du moulin

Matériel :
- 1 petite cocotte et son couvercle
- 1 cocotte à la taille des crustacés
- du film ou 1 couvercle
- 1 coupelle pour la sauce

Par personne :
250 calories/1045 K joules

VINS

BLANC
Clairette de Bellegrade, Côtes de Provence
De 1 à 2 ans / servir à 8-9°
ROUGE
Graves de 3 à 4 ans / servir à 14-15°
St. Chinian de 2 à 3 ans / servir à 14-15°

Coupez l'attache (côté tige) des courgettes. Emincez celles-ci sur 2 mm, si possible en éventail, c'est-à-dire par couches successives sans les détacher tout à fait en haut en laissant 1 cm de chair non coupée.

• Hachez fin l'ail épluché.

• Mettez les courgettes avec l'huile, 1 cuillère d'eau, et l'ail dans la cocotte. Poivrez puis couvrez et faites cuire 6 mn. Repos de 2 mn.

• Emincez et coupez en dés le poivron. Si vous n'en avez pas de tout préparé, commencez sa cuisson avant celle des courgettes.

• Effeuillez la branche de coriandre. Gardez la tige et les feuilles du bas.

• Mettez les gambas dans la cocotte avec la tige de coriandre, du poivre, et la nage des crustacés. Egouttez les courgettes en penchant le récipient pour recueillir le jus que vous ajoutez à celui des crustacés. Couvrez et faites cuire 2 mn à th. 8. Repos de 1 mn.

• Sortez les crustacés, décortiquez-les, rangez-les sur un plat avec les courgettes égouttées. Tenez couvert.

• Passez les dés de poivrons 30 secondes couverts dans la cocotte des courgettes avec 1 cuillère de jus, pour les réchauffer.

• Répartissez-les sur les crustacés et les éventails de légumes, couvrez de film et faites réchauffer 30 secondes à th. 9.

• Mixez ou fouettez le jus de cuisson (moins la branchette) avec le beurre. Réchauffez-le 30 secondes à pleine puissance.

• Servez aussitôt avec le jus à part. Chacun arrosera son assiette à son goût ou trempera la langoustine ou la gambas dans le jus.

* Vous pouvez garder la nage de cuisson, enrichie du parfum des légumes et des crustacés pour une autre cuisson. Servir avec une rouille (voir chapitre "Sauces").

COQUILLES SAINT-JACQUES A LA MALOUINE

Pour 4 personnes
Préparation : 8 à 10 mn
Cuisson : 5 mn en tout

Ingrédients :
- 8 belles coquilles Saint-Jacques
- 2 échalotes grises
- 125 g de champignons de Paris
- 1 c à soupe de beurre
- 1 citron non traité
- 1 petit pot (12 cl) de crème fraîche
- sel, poivre
- pointe de paprika

Matériel :
- 1 petite cocotte et son couvercle
- 1 plat creux à brunir
- du film étirable
- 1 couteau économe

Par personne :
292 calories/1222 K joules

VINS

BLANC
Muscadet, Vouvray sec, Montlouis/ servir à 6-7°

Zestez le citron lavé en ne prenant que la peau. Taillez celle-ci en fine julienne. Faites-les blanchir dans la cocotte avec 1 cuillère à soupe d'eau, couvercle posé, pendant 1 mn à pleine puissance. Puis laissez reposer et réservez.

• Hachez fin les échalotes. Réservez-les. Pressez le citron.

• Emincez le plus finement possible les champignons.

• Faites fondre la moitié du beurre dans le plat à brunir. Ajoutez les échalotes et 1 cuillère à café de jus de citron. Couvrez et faites cuire 2 mn.

• Ajoutez les champignons, arrosez-les du jus de citron. Parsemez de fragments de beurre, couvrez et cuisez 1 mn.

• Egouttez pendant ce temps, la julienne de zeste.

• Retirez le plat, laissez reposer 1 mn, le temps d'ouvrir à la main ou de faire ouvrir au four vos coquilles (dès que la coquille s'entrebaille, détachez noix et corail et débarrassez-les des barbes et, en les passant à l'eau un peu tiède, du sable éventuel). Si la noix parait trop grosse, escalopez-la en deux ou plus.

• Disposer les coquilles Saint-Jacques sur le hachis, parsemez le zeste de persil ciselé. Arrosez de crème, salez peu, poivrez (poivre blanc) et saupoudrez de paprika.

• Recouvrez et faites cuire à toute puissance 45 secondes. Laissez reposer 30 secondes et servez avec un riz au naturel ou des pommes de terre cuites à la vapeur (au four à micro-ondes).

SAINT-PIERRE EN MOUSSE VERTE

Séparez les brocoli en petits bouquets. Mettez-les dans la cocotte avec 2 c à soupe d'eau. Couvrez et enfournez pour 8 mn à th.9. Comptez 2 mn de repos.

● Préparez la sauce Béchamel et laissez-la couverte en attente.

● Egouttez les brocoli. Epluchez les ciboules, fendez-les sur leur longueur aux 2/3 à partir du vert tendre.

● Mixez ou passez au tamis les brocoli bien égouttés. Ajoutez-leur la Béchamel et mélangez bien. Remettez la purée obtenue à réchauffer 2 mn à th. 7. Repos : 1 mn, toujours couvert.

● Versez la nage dans le plat et déposez dedans les filets de poisson. Parsemez le dessus de ceux-ci de petits pois de beurre. Couvrez et faites cuire 2 mn de chaque côté à th. 9. Sortez et laissez reposer 2 mn.

● Faites réchauffer la sauce Béchamel 2 mn à th. 9.

● Mixez les brocoli bien égouttés avec la moitié de la crème fraîche, du sel et du poivre à votre goût. Ajoutez ensuite, en travaillant à la cuillère en bois, la Béchamel pour rendre la purée plus onctueuse.

● Remettez à réchauffer 3 mn à th. 9. Repos de 1 mn.

● Pendant ce temps, rangez les filets sur un plat chaud de service avec les ciboules (ou les poireaux) de chaque côté. Couvrez pour garder chaud.

● Mettez le plat creux de cuisson avec son jus à réchauffer 2 mn à th. 9.

● Disposez, pendant ce réchauffage, la purée verte, moitié sur une partie des filets, moitié sur le plat (comme sur la photo). Saupoudrez de persil.

● Versez le jus bouillant dans un bol avec le reste de crème, fouettez pour homogénéiser, et versez autour et sur le poisson ou offrez en saucière, chacun se servant à son gré.

Pour 4 personnes
Préparation : 10 mn
Cuisson : 21 mn en tout

Ingrédients :
● 4 filets de Saint-Pierre
● 15 cl de Nage de poisson
(peut être fait avec
les "parures" de Saint-Pierre -
voir chapitre "Préparations de base")
● 300 g de brocoli
● 2 belles ciboules ou 2 petits poireaux
● 40 g de beurre
● 2 c à soupe de Sauce Béchamel
(voir chapitre "Sauces")
● 3 c à soupe de crème fraîche
● 1 c à soupe de persil simple ciselé fin

Matériel :
● 1 petite cocotte et son couvercle
(pour les brocoli)
● 1 bol ou une coupe (pour la sauce),
1 plat creux ovale
● 1 mixeur, 1 fouet, du film étirable

Par personne :
325 calories/1358 K joules

VINS

BLANC
Pouilly-Fumé, Sancerre, Montlouis, Vouvray
De 2 à 3 ans / servir à 9°

Pour 4 personnes
Préparation : 8 mn
Cuisson : 8 mn 30 en tout

Ingrédients :
- 800 g de raie bouclée
- 4 échalotes grises
- 1 gousse d'ail
- 2 c à soupe d'huile d'olive
- 1 citron non traité
- quelques gouttes de Tabasco
- 1 c à soupe rase de câpres
- 1 c à soupe de persil simple ciselé
- sel et poivre blanc du moulin

Matériel :
- 1 plat (à la taille des morceaux de raie)
- 1 petite cocotte et son couvercle ou du film

Par personne :
232 calories/972 K joules

VINS

BLANC
Hermitage ou Châteauneuf-du-Pape
De 2 à 3 ans / servir à 9-10°
ROSE
Côtes de Provence, Tavel, St. Chinian
De 1 à 2 ans / servir à 8-9°

RAIE SAUCE ECHALOTE

Hachez fin les échalotes, écrasez et hachez l'ail.
- Versez l'huile dans la cocotte, répartissez-y le hachis d'ail et d'échalotes, mouillez d'un trait de citron, couvrez et enfournez à th. 9 pour 1 mn.
- Retirez, laissez reposer pendant que vous mettez la raie (qui peut être coupée en deux si elle est trop grande pour le plat, dans ce cas vous cuisez en 2 fois) dans le plat avec 15 cl d'eau, le zeste et le jus de la moitié du citron. Couvrez et faites cuire 2 mn de chaque côté.
- Sortez la raie et retirez la peau et les cartilages.
- Avant d'éplucher le poisson, remettez la cocotte au feu avec le Tabasco, le sel et le poivre, les câpres, le persil, le demi-citron coupé en fines rondelles (si vous voulez, ajoutez 4 tomates-cerises coupées en deux). Mettez dans le four à micro-ondes pour réchauffer et achevez de compoter à th. 7, couvert pendant 1 mn 30.
- Remettez la raie épluchée dans la sauce. Arrosez-la de la dernière cuillère d'huile et faites cuire, couvert, 2 mn à th. 9.
- Servez aussitôt avec des épinards nature, des pâtes, des pommes de terre, du riz Uncle Ben's, ou plus léger, des brocoli nature en purée.

* Peut se manger froid dans la même sauce en entrée pour l'été.

Pour 4 personnes
Préparation : 10 mn
Cuisson : 8 mn 30 environ en tout

Ingrédients :
- 1 l de moules de bouchot
- 300 g de coques
- 2 coquilles Saint-Jacques
- 1 gousse d'ail, 1 branche de persil
- 1 c à soupe d'huile d'olive
- 1 c à soupe de nage de poisson (voir chapitre "Préparations de base")
- sel et poivre (et, facultatif, safran)

Matériel :
- 1 grande cocotte et son couvercle
- 1 passoire, 1 jatte, du film

Par personne :
160 calories/669 K joules

VINS

BLANC
Muscadet, Sylvaner, Sancerre,
Entre-Deux-Mers, Seyssel
D'1 an / servir à 8°

FRUITS DE MER PANACHES

Lavez, égouttez soigneusement les coques (attention, elles sont souvent sableuses).
- Nettoyez les moules et rincez-les sous un jet d'eau froide. Egouttez-les.
- Epluchez, écrasez et hachez finement l'ail. Ciselez le persil. Mettez l'ail et le persil dans le fond de la cocotte avec l'huile et la nage. Ajoutez les coques, couvrez et faites ouvrir, 4 mn environ, à th. 9, en secouant 2 fois la cocotte.
- Versez ensuite les coques dans la passoire au-dessus d'un plat creux. Recueillez le jus rendu (les coques vont encore en rendre d'autre) et versez-le à nouveau dans la cocotte, rincée à l'eau chaude, sans entraîner le fond s'il est sableux.
- Mettez les moules dans la cocotte et faites ouvrir à pleine puissance (2 à 3 mn), couvercle posé. Secouez 2 fois en retirant à chaque fois les coquillages bien ouverts.
- Dès que les moules sont ouvertes, commencez à décortiquer les coques et ensuite les moules en reversant le liquide de cuisson dans la cocotte.
- Tenez les coquillages au chaud.
- Filtrez le jus avec un filtre à café, puis reversez-en la moitié sur les moules et les coques remises dans la cocotte. Salez peu, poivrez bien.
- Mettez les coquilles Saint-Jacques, corail et noix entière, dans la jatte avec la moitié de jus de cuisson réservé. Couvrez de film et faites cuire 1 mn 30 à pleine puissance. Laissez reposer 1 mn pour le corail, retirez-le et laissez encore reposer 30 secondes à 1 mn (selon votre goût) pour la noix entière. Vous escaloperez celle-ci en 4 et en 2 le corail dans l'épaisseur au moment de l'utilisation.
- Tenez au chaud, sans cuire, jusqu'au moment de servir avec un riz nature Uncle Ben's, des pâtes ou des légumes en salade.
- Vous réchaufferez les coquillages dans le jus à th. réchauffage, couvercle posé pendant 1 mn environ.

Matelote de sandre au vin rouge

Pour 4 à 6 personnes
Préparation : 12 mn
Cuisson : 24 mn en tout

Ingrédients :
- 1 sandre d'1 kg 300 écaillé et vidé
- 6 poireaux moyens
- 1 c à soupe de beurre demi-sel
- 1 carotte moyenne, 2 gousses d'ail
- 1 bouquet garni
avec 1 branchette de céleri
- 1 bouteille de Champigny rouge
- sel, poivre noir du moulin, Cayenne

Matériel :
- 1 daubière ronde en Pyrex

Par personne :
570 calories/2382 K joules

VINS

ROUGE
Bourgueil, Saumur-Champigny, Cabernet du
Haut-Poitou, Touraine
De 1 à 2 ans / servir à 11°
ou Côtes du Roussillon, Côtes du Ventoux,
Côtes du Vivarais, Coteaux du Triscastin
De 2 à 3 ans/ servir à 13°

Lavez et coupez en quatre dans leur longueur, les blancs de poireaux avec un peu de vert. Hachez la carotte.

- Déposez les émincés de blancs de poireaux avec la moitié du beurre dans une daubière. Couvrez (couvercle ou film) et enfournez pour 7 mn à th. 8.
- Préparez, près du four à micro-ondes un plat creux.
- Retirez avec une écumoire, les blancs de poireaux, sur le plat. Couvrez pour tenir chaud.
- Dans la même daubière, ajoutez le reste de beurre, le hachis de carotte, le vert de poireaux, l'ail épluché et entier et le bouquet garni. Mouillez avec le vin rouge. Couvrez. Enfournez et programmez 10 mn à th. 7 (le vin ne doit pas cuire trop vite pour pouvoir perdre son acidité).
- Pendant ce temps, nettoyez votre poisson, si le poissonnier ne l'a pas fait pour vous, et coupez-le en tronçons.
- Laissez reposer 3 mn le court-bouillon découvert.
- Mettez les tronçons de poissons dans le court-bouillon. Couvrez et faites cuire à pleine puissance 2 mn de chaque côté. Laissez reposer 2 mn après avoir assaisonné.
- Remettez les blancs de poireaux dans la cuisson, autour des morceaux de sandre. Couvrez et faites réchauffer 3 mn à th. 7.
- Retirez le bouquet garni et servez aussitôt avec des pommes de terre au naturel.

Calmars en sauce tomate

Pour 4 personnes
Cuisson : 7 mn en tout

Ingrédients :
- 18 calmars choisis petits
- 1 c à soupe d'huile d'olive
- 6 c à soupe de coulis de tomates
(voir chapitre "Préparations de base")
- 2 échalotes roses
- 2 branches de persil simple
- 8 feuilles de basilic
- sel, poivre blanc moulu, cayenne

Matériel :
- 1 plat à brunir
- 1 cocotte ronde et son couvercle
ou du film

Par personne :
157 calories/658 K joules

VINS

ROUGE
Corbières, Minervois, Côtes du Roussillon,
Fitou, Costières du Gard
De 2 à 3 ans / servir à 13°
ROSE
Mêmes vins mais en rosés de 1 an
/ servir à 9°

Nettoyez les calmars en retirant les tentacules qui entraîneront le corps et les intestins. Tranchez au ras des tentacules. Passez le doigt à l'intérieur des corps pur retirer les débris. Retirez la pellicule du cornet ou "manteau". Lavez à grande eau et égouttez.

- Faites chauffer 3 mn le plat à brunir. Versez-y l'huile et, dès qu'elle est chaude, déposezy les manteaux. Faites cuire 30 secondes de chaque côté. Retirez avec une spatule pour ne pas entraîner l'huile et mettez dans la cocotte. A leur place, mettez les tentacules 30 secondes. Retirez également à la spatule dans la cocotte. Couvrez.
- Pendant cette cuisson, vous avez haché les échalotes. Jetez-les dans le reste d'huile. Couvrez et faites cuire 1 mn à pleine puissance puis versez dans la cocotte avec le coulis de tomates. Salez et poivrez. Couvrez et passez dans le four à micro-ondes Toshiba 2 mn à th. 7 plutôt pour compoter que pour cuire.
- Ciselez le persil et le basilic.
- Laisez reposer 1 mn, toujours couvert, après avoir saupoudrê de cayenne.
- Au moment de servir, parsemez d'herbes ciselées et offrez un peu d'huile d'olive piquante.

CARRY DE MERLAN DES ISLES

Pour 4 personnes
Préparation : 7 mn
Cuisson : variable (voir fin de recette)

Ingrédients :
• 4 petits merlans vidés ou
8 filets de merlan
• 1 oignon, 2 gousses d'ail
• 1 pincée de gingembre en poudre
• 10 g de carry en poudre
• quelques gouttes de soja
• 1 c à soupe d'huile d'olive
• 1 branche de thym frais
• 2 branches de persil simple
• 1 citron non traité
• 8 feuilles de menthe
• sel, poivre, cayenne

Matériel :
• 2 cocottes ovales de même taille et un
couvercle ou du film étirable

Par personne :
170 calories/710 K joules

VINS

BLANC
Condrieu, St. Joseph, Hermitage
De 2 à 3 ans / servir à 8-9°
ROUGE
Hermitage, St. Joseph, Châteauneuf-du-Pape
De 3 à 4 ans/ servir à 14-15°

Cette recette peut se faire avec des filets ou des poissons entiers mais aussi, et c'est très bon, avec des tranches de cabillaud. La julienne et la roussette, poissons un peu neutres de goût conviendront également très bien.
• Déposez le poisson dans un plat ovale, poivrez, arrosez du jus d'1/4 de citron et de sauce soja. Saupoudrez avec la moitié du carry. Tournez et retournez le poisson pour bien l'imprégnier et laissez macérer 1 h ou plus à température ambiante.
• Emincez l'oignon, hachez l'ail.
• Mettez les oignons et l'ail dans un plat creux de la même taille que le précédent avec l'huile, couvrez et passez 2 mn dans le four à micro-ondes à th. 9. Laissez reposer 1 mn.
• Découvrez, disposez dans le plat le poisson macéré. Couvrez et faites cuire 3 mn à th. 9. Retournez le poisson et recouvrez-le alors de la macération (rincez le plat avec 1 cuillère de jus de citron ou de vin blanc sec). Ajoutez le persil ciselé, les feuilles de menthe, le thym effeuillé, le reste de carry. Poivrez un peu, saupoudrez de cayenne. Recouvrez et faites encore cuire 3 mn à th. 7. La "sauce" doit être presque à sec.
• Salez alors, recouvrez et laissez reposer 4 mn.
• Servez aussitôt avec un riz créole Uncle Ben's et une cuillère de piment à l'huile.

* Temps de cuisson pour :
les merlans (200 g) entiers : 8 mn en tout (avec sauce)
les filets (125/150 g) : 5 mn en tout (avec sauce)
des tranches ou des tronçons : 6 à 8 mn selon leur grosseur (avec sauce).

LAURIERE DE SARDINES – Michel TRAMA

Pour 4 personnes
Préparation : 12 mn - Cuisson : 10 mn

Ingrédients :
• 1 kg de sardines assez petites
• 400 g de pommes de terre
• 16 feuilles de laurier, frais de préférence
• 6 c à soupe d'huile d'olive
• gros sel et poivre du moulin

Matériel :
• 1 ramequin de verre de 12 cm
de diamètre et 5 cm de hauteur,
1 assiette un peu plus grande

Par personne :
957 calories/4002 K joules

VINS

ROUGE
Gigondas, Fitou, Côte-Rôtie, Cornas,
Vacqueyras, Rasteau...
De 4 à 5 ans/ servir à 15°

Faites lever les filets par votre poissonnier. Retirez la peau (qui part facilement).
• Epluchez, lavez, séchez les pommes de terre choisies toutes de la même taille et pas trop grosses. Coupez-les au robot-éminceur ou à la mandoline aussi finement que possible (elles doivent être translucides).
• Hachez finement le laurier, mélangez-le dans un saladier, avec l'huile d'olive. Laissez infuser.
• Avec un pinceau trempé dans l'huile, badigeonnez le moule.
• Rangez régulièrement dans le fond du ramequin une couche de pommes de terre. Badigeonnez-les d'huile et parsemez-les de brisures de laurier. Poudrez-les de quelques grains de sel et poivrez. Rangez dessus une couche de filets de sardines. Badigeonnez d'huile et de laurier. Salez, poivrez. Et recommencez l'opération jusqu'à épuisement des sardines en terminant par une couche de pommes de terre.
• Posez une assiette sur le ramequin et renversez-le sans retirer l'assiette. Enfournez à th. 6 pour 10 mn de cuisson.
• Laissez reposer 10 mn avant de servir chaud ou froid, accompagné d'un coulis de tomates (voir chapitre "Préparations de base") ou d'une salade verte.

Moules marinieres

Nettoyez soigneusement les moules.
- Hachez fin l'ail, l'oignon, les échalotes.
- Mettez le hachis dans la cocotte avec les tiges de persil (pas les feuilles), la tomate coupée en quatre, le poivre, le vin blanc. Couvrez et faites cuire à pleine puissance 6 mn.
- Ajoutez les moules, saupoudrez de safran, couvrez et faites cuire, à th. 9, 2 mn. Secouez ou remuez et faites encore cuire 2 mn. Après 4 à 5 mn, toutes les moules sont ouvertes. Ajoutez le beurre, secouez encore et saupoudrez de persil ciselé.
- Servez aussitôt dans la même cocotte.

Pour 4 personnes
Préparation : 8 mn - Cuisson : 10 mn
Ingrédients :
- 1 l de moules de bouchot
- 2 échalotes roses, 1 gousse d'ail
- 1 oignon moyen
- 1 c à soupe d'huile d'olive
- 20 cl de vin blanc sec
- 1 tomate bien mûre
- 2 branches de persil
- poivre (pas de sel),
safran en poudre (1 dose)

Matériel :
- 1 grande cocotte et son couvercle
- 1 passoire

Par personne :
157 calories/658 K joules

VINS

BLANC
Muscadet, Gros-Plant, Entre-Deux-Mers,
Sauvignon, Jurançon
De 1 à 2 ans/ servir à 8-9°

Merlan farci aux crevettes

Videz les poissons, nettoyez bien l'intérieur.
- Hachez finement l'ail et l'oignon et un peu plus gros les champignons nettoyés.
- Faites chauffer 1/3 du beurre dans le plat et mettez-y le hachis d'ail et d'oignon. Couvrez et faites cuire 3 mn à th. 9. Ajoutez les champignons, le jus de citron. Couvrez et cuisez 2 mn à th. 9. Laissez reposer 2 mn.
- Versez le hachis cuit et son jus dans une jatte. Emiettez dessus la biscotte qui va s'humecter du jus de cuisson.
- Ciselez le persil et la coriandre. Ajoutez-les et mélangez dans la jatte. Mettez ensuite les crevettes, salez, poivrez et mélangez encore.
- Farcissez les poissons. Fermez l'ouverture par quelques piques. Rangez les poissons dans le plat, répartissez sur chacun le reste de beurre fractionné. Couvrez de film et mettez au four pour 4 mn à th. 9.
- Laissez reposer 2 mn puis servez avec des poireaux en vinaigrette.

Pour 4 personnes
Préparation : 15 mn - Cuisson : 9 mn
Ingrédients :
- 4 merlans moyens
- 1 oignon moyen, 2 gousses d'ail
- 100 g de crevettes décortiquées
- 4 champignons de Paris
moyens et fermes
- 1 biscotte
- 20 g de beurre
- le jus d'1/2 citron
- 1 branche de coriandre
- sel, poivre frais moulu

Matériel :
- 1 plat long rectangulaire
- du film étirable
- quelques piques en bois

Par personne :
212 calories/888 K joules

VINS

BLANC
Tokay, Riesling ou Pouilly-Fuissé
De 2 ans/ servir à 8°
ROSE
Tavel, Lirac, Côtes de Provence
D'1 an/ servir à 8°

PETIT RAGOUT DE BŒUF EPICE

Pour 4 personnes
Préparation : 10 mn - Cuisson : 51 mn

Ingrédients :
• 800 g à 1 kg de bœuf (gîte arrière)
• 100 g de lard de poitrine fumé
• 1 c à soupe d'huile
• 2 beaux oignons et 12 oignons grelots
• 1 belle carotte
• 1 bouquet garni
• 2 c à soupe d'un mélange en
parties égales de cannelle, muscade,
origan, paprika
• sel, 1/2 c à café de poivre
"mignonnette"
• 1 tranche de pain d'épices
• 1 zeste d'orange non traitée
• 25 cl de vin rouge (type Cahors)

Matériel :
• 1 plat à brunir, 1 cocotte ronde et son
couvercle
• 1 fouet ou 1 mixeur

Par personne :
790 calories/3302 K joules

VINS

ROUGE
Cahors, Côtes de Fronton, Madiran
De 3 à 4 ans/ servir à 14-15°

Coupez la viande en gros cubes (3 cm environ de côté) et le lard en petits dés.
• Faites chauffer le plat à brunir 4 mn. Versez-y l'huile et, dès qu'elle est chaude, déposez-y les lardons pour qu'ils dorent sur toutes les faces et perdent leur gras. Retirez-les ensuite, avec une écumoire, dans la cocotte. Laissez en attente, recouverts.
• Emincez finement les oignons pendant la cuisson des lardons et du bœuf et jetez-les dans la graisse en baissant à th. 7. Epluchez et émincez la carotte, ajoutez-la aux oignons, remuez, couvrez et laissez cuire 2 mn à th. 8. Retirez les oignons.
• Mettez à leur place les cubes de viande à dorer de tous les côtés. Lorsqu'ils sont d'une jolie couleur uniforme, retirez-les avec l'écumoire dans la cocotte, recouvrez celle-ci.
• Versez dans le plat à brunir les douzes oignons grelots et faites-les cuire, couverts, avec 1 cuillère d'eau, 4 mn.
• Mélangez, pendant cette cuisson, toutes les épices.
• Les "grelots" sont maintenant fondus et dorés. Prélevez-les avec l'écumoire et mettez-les, carottes comprises, dans la cocotte sur la viande. Enfouissez dans les ingrédients le bouquet garni. Saupoudrez de toutes les épices, poivre compris mais ne salez pas encore.
• Arrosez de vin, couvrez et faites cuire 15 mn à th. 6. Au bout de ce temps, sortez la cocotte, remuez avec l'écumoire et une spatule de façon à ce qui se trouvait dessus (oignons et carottes) passe dessous. Recouvrez et laissez encore cuire 15 mn à th. 8.
• Après ce temps, récupérez le bouquet garni, égouttez-le bien avant de le jeter.
• Emiettez sur les ingrédients le pain d'épices, salez et mélangez bien. Recouvrez et laissez compoter 5 mn à th. 7 (réchauffage). Repos de 6 mn.
• Servez avec un riz blanc ou brun Uncle Ben's, tout simple qui "boira" le jus onctueux.

* Pour un plat plus "habillé", vous pouvez retirer toute la viande et les oignons grelots et mixer (ou simplement fouetter) la sauce avec les oignons émincés, les carottes et le pain d'épices. Vous remettez le tout dans la cocotte pour 30 secondes de réchauffage, couvercle posé, à th. 8.

PIECE DE BŒUF SAUCE AU PORTO

Pour 4 personnes
Préparation : 2 mn - Cuisson : 7 mn 30

Ingrédients :
• 1 tranche de rumsteak de 850 g
(environ 3 cm d'épaisseur ou
1 entrecôte de 600 g)
• 1 c à café d'huile
• 1 c à soupe de beurre demi-sel
• 1 petit verre de Porto sec
• 1 c à café d'herbes (à votre goût)
• sel, poivre concassé

Matériel :
• 1 plat à brunir, 1 petite jatte
• 1 pinceau de cuisine
• du film étirable, du papier d'aluminium

Par personne :
697 calories/2915 K joules

VINS

ROUGE
Médoc (Pauillac ou Margaux)
De 5 à 6 ans/ servir à 15-16°
Côtes de Buzet de 4 à 5 ans/ servir à 15-16°

Chauffez le plat à brunir pendant 6 mn à pleine puissance.
• Huilez légèrement au pinceau la viande sur toutes les faces. Salez peu, poivrez bien.
• Posez la viande sur le plat et faites-la cuire, toujours à th. 9, 3 mn de chaque côté pour une cuisson saignante. Salez à votre goût ensuite.
• Enveloppez-la dans une feuille d'aluminium, le côté brillant à l'intérieur. Laissez reposer.
• Mettez les herbes, le Porto, le beurre et du poivre dans la jatte. Couvrez de film et enfournez pour 1 mn 30 à th. 9. Laissez reposer pendant que vous tranchez la viande. Fouettez la sauce avant de la servir.
• En accompagnement : des crêpes de pommes de terre et des légumes verts.

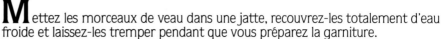

BLANQUETTE A LA ROYALE

Pour 4 personnes
Préparation : 10 mn - Cuisson : 47 mn

Ingrédients :
- 1 kg de poitrine ou d'épaule de veau
- 1 oignon moyen, 2 carottes, 1 navet
- 1 bouquet garni (n'oubliez pas le céleri et les queues de persil)
- 2 verres de vin blanc (Savennières ou Vouvray sec)
- sel, poivre blanc, pincées de muscade et de cumin
- 12 cl de crème fraîche
- le jus d'1 citron non traité
- 1 jaune d'œuf
- 150 g de petits champignons de Paris

Matériel :
- 1 grande cocotte et son couvercle
- 1 jatte, 1 bol
- 1 fouet

Par personne :
617 calories/2581 K joules

VINS

ROUGE
Graves, Côtes de Bourg
De 4 à 5 ans/ servir à 15-17°
BLANC
Savennières, Jasnières, Vouvray sec, Montlouis
De 3 ans/ servir à 9°

Mettez les morceaux de veau dans une jatte, recouvrez-les totalement d'eau froide et laissez-les tremper pendant que vous préparez la garniture.
- Epluchez les carottes, le navet et l'oignon, coupez-les en rondelles d'1/2 cm. Déposez-les dans la cocotte avec le bouquet garni.
- Egouttez la viande et répartissez-la sur les légumes. Ne salez pas encore mais poivrez au moulin. Versez le vin blanc et recouvrez d'eau froide au niveau des ingrédients. Posez le couvercle et enfournez à th. 9 pour 20 mn.
- Après ce temps, sortez la cocotte, remuez les morceaux de viande (pas les légumes) avec une cuillère, ajoutez un fragment de zeste de citron, recouvrez et remettez au four pour encore 20 mn à même puissance.
- Pendant ce temps, épluchez la queue des champignons. Lavez-les rapidement, égouttez-les, coupez-les en quatre ou en lamelles, à votre gré, et citronnez-les (1/ 2 citron).
- Avec une écumoire, sortez toute la viande et les légumes de la cocotte. Déposez-les dans un plat creux chaud. Couvrez pour ne pas refroidi.
- Jetez les champignons et leur jus dans la cocotte. Couvrez et remettez au four pour 6 mn à th. 9.
- Pressez le jus du 1/2 citron restant dans un bol. Lorsqu'il ne reste que 5 mn de cuisson, ajoutez la crème fraîche et le jaune d'œuf au jus de citron, un peu de poivre, du sel et la muscade râpée. Battez cela avec un petit fouet.
- Dès que les champignons sont presques cuits, retirez le bouquet garni et le fragment de zeste.
- Prélevez une petite louche de jus de cuisson, versez-la en filet dans le bol tout en fouettant jusqu'à ce que tout soit crémeux et bien homogénéisé.
- Versez le mélange dans la cocotte, remuez bien, remettez la viande et le jus qu'elle aura entraîné, remuez encore, couvrez et remettez à cuire 1 mn à th. 9.
- Servez dans le plat chauffé, saupoudré de pluches de cerfeuil avec, à part, un riz nature Uncle Ben's.

COTES DE VEAU A LA CORREZIENNE

Pour 4 personnes
Préparation : 12 mn - Cuisson : 12 mn

Ingrédients :
- 4 belles côtes de veau de lait fermier*
- 150 g d'oignons jaunes
- 2 c. à soupe de graisse d'oie
- 1 c. à café de farine (complète de préférence)
- 2 c. à soupe de vinaigre de vin rouge
- 1 c. à soupe rase de moutarde violette de Brive**
- 15 cl de bouillon de volaille
- 2 lamelles de cèpes séchés***
- 1 branche de sarriette
- Sel et poivre blanc du moulin

Matériel :
- 1 petite cocotte (pour la sauce), 1 plat à brunir

Par personne :
440 calories/1839 K joules

VINS

BLANC
Côtes de Blaye sec, Jurançon, Premières Côtes de Bordeaux
De 2 à 3 ans/ servir à 8-9°
ROUGE
Graves, St. Emilion, Lalande de Pomerol
De 3 à 4 ans/ servir à 14-15°

Hachez fin les oignons. Faites chauffer la cocotte avec 1 cuillère de graisse d'oie. Ajoutez le hachis d'oignons, couvrez et faites cuire 2 mn à pleine puissance. Ajoutez la farine en saupoudrant, remuez et, sans couvrir, faites cuire 1 mn. Mouillez avec le bouillon, remuez pour bien détacher le hachis, ajoutez les lamelles de cèpes, le vinaigre et la sarriette. Couvrez et laissez cuire encore 2 mn. Ajoutez la moutarde, remuez, salez, poivrez. Couvrez et faites cuire 4 mn à th. 7. Sortez et laissez reposer couvert.
- Faites préchauffer le plat à brunir 6 mn. Ajoutez-lui la dernière cuillère de graisse et, lorsqu'elle est bien chaude, déposez les côtelettes en appuyant fortement la viande sur le fond brûlant pour la saisir. Dès que la côte cesse de grésiller, tournez-la en appuyant, puis enfournez à th. 9 pour 3 mn.
- Retirez le plat, couvrez-le, laissez-le reposer 1 mn, le temps que réchauffe la sauce à th. 9.
- Egouttez alors les côtes, enfouissez-les dans la sauce, bien couvertes par elle puis laissez mijoter 2 mn 30 à th. 7, film ou couvercle posé.
- Laissez reposer 2 mn puis servez avec une fricassée de champignons ou un riz nature ou encore une purée de chataignes.

* Le veau de lait fermier (le Limousin est, à juste titre, réputé pour sa qualité) élevé sous la mère, c'est un vrai délice. Le boucher qui en vend affiche un label dans sa vitrine.

** La moutarde violette est une spécialité de Brive, remise à l'honneur chez Denoix, vieille maison liquoriste de la ville. Elle est faite uniquement de graines de moutarde écrasées, macérées sur un lit de mou de raisins. Son goût délicat convient à la saveur du veau de bonne qualité.

*** Les lamelles de cèpes séchés sont une spécialité corrézienne. Sec, le cèpe développe un parfum incomparable qui fait merveille avec les viandes blanches.

COTES D'AGNEAU ROULEES AUX HERBES

Hachez très fin l'oignon et l'ail écrasé.
- Faites chauffer le plat à brunir. Puis versez 1/2 cuillère d'huile et mettez le hachis à fondre 3 mn à th. 8.
- Ciselez les herbes dans une jatte. Ajoutez la mie de pain et couvrez-la d'une cuillère de vin blanc.
- Hachez finement les champignons, ajoutez-les au hachis, couvrez et faites fondre 2 mn à th. 7. Laissez reposer 2 mn.
- Mélangez la cuisson au contenu de la jatte. Salez un peu, poivrez et ajoutez le romarin. Mélangez bien à la fourchette de façon à obtenir une pâte souple mais cohérente.
- Vous avez fait retirer l'os de la viande. Vous avez donc une noix d'agneau tenant à l'os et une longue bande de chair. Tartinez l'intérieur de cette bande avec le hachis, tout en l'enroulant sur elle-même (voir photo). Tenez avec un peu de ficelle si nécessaire.
- Remettez à chauffer le plat à brunir, essuyé mais pas lavé. Ajoutez la moitié du reste d'huile et faites dorer 1 mn d'un côté, retournez, encore 1 mn 30 et repos, couvert 6 mn.
- Retirez la viande sur un plat chaud. Couvrez.
- Déglacez le plat avec le vin blanc, à th. 9, 1 mn.
- Versez le jus, en filtrant ou non, sur la viande. Servez avec des tomates farcies à la provençale (voir chapitre "Légumes").

Pour 4 personnes
Préparation : 12 mn - Cuisson : 8 mn 30

Ingrédients :
- 8 côtes premières d'agneau
- 1 bouquet d'herbes diverses
- 1 gros oignon, 1 gousse d'ail
- 1 "œuf" de mie de pain rassis
- 1 verre de vin blanc sec
- 2 ou 3 petits champignons de Paris
- 1 c à soupe d'huile d'olive
- sel, poivre, pincée de romarin en poudre

Matériel :
- 1 jatte, 1 plat à brunir
- 1 couvercle ou du film étirable

Par personne :
807 calories/3375 K joules

VINS

BLANC
Meursault, Montrachet
De 3 à 4 ans / servir à 10°
ROUGE
St. Emilion, Graves, Côtes du Roussillon, Corbières
De 3 à 4 ans / servir à 14-15°

KEUFTES D'ISTANBUL

Hachez fin l'ail et l'oignon.
- Faites chauffer 5 mn à pleine puissance le plat à brunir. Ajoutez le beurre et, dès qu'il est chaud, ajoutez le hachis. Mettez dans le four pour 1 mn à th. 9. Sortez le plat, couvrez et laissez reposer le hachis.
- Dans une jatte, déposez la mie de pain et arrosez-la de bouillon. Lorsqu'elle est bien gonflée, pressez-la pour essorer le liquide.
- Hachez fin le persil. Ajoutez-le dans la jatte avec la viande hachée, le cumin, un peu de sel et du poivre à volonté. Mélangez bien.
- Battez l'œuf, ajoutez-le ainsi que le hachis tiédi. Pétrissez encore parfaitement. Formez de petites saucisses de la grosseur et la longueur de l'index.
- Faites chauffer à nouveau 5 mn le plat à brunir. Lorsqu'il est bien chaud, versez l'huile. Faites chauffer 30 secondes. Déposez le maximum de keuftés en appuyant bien chaque fois, pour qu'ils soient en contact avec le fond du récipient. Attendez 20 secondes et retournez-les. Couvrez et enfournez pour 3 mn à th. 9. Faites ainsi le reste de keuftés.

* Servez avec une sauce tomate et de la menthe ciselée.

Pour 4 personnes
Préparation : 10 mn - Cuisson : 4 mn 50

Ingrédients :
- 400 g de mouton haché fin
- 1 gros oignon, 1 gousse d'ail
- 40 g de beurre
- 4 branches de persil plat
- 1 tranche de mie de pain
- 1/2 verre de bouillon de volaille (voir chapitre Préparations de base)
- 1 œuf
- 1/2 c à café de cumin pulvérisé
- de l'huile à friture
- sel, poivre

Matériel :
- 1 plat creux à brunir
- 1 jatte, 1 bol, 1 coupelle pour la sauce

Par personne :
352 calories/1473 K joules

VINS

BLANC
Gewurztraminer, Riesling
De 2 à 3 ans / servir à 9°
ROUGE
Châteauneuf-du-Pape, Cornas, Côte-Rôtie
De 3 à 4 ans / servir à 15°
Corton, Beaune, Savigny, Romanée
De 5 à 6 ans / servir à 16-17°

RIS DE VEAU TIEDE AU CURRY

Faites dégorger 3 h à l'eau fraîche vinaigrée le ris de veau. Déposez-le ensuite dans une cocotte et faites-le blanchir recouvert d'eau froide à th. 9. Eteignez dès que l'ébullition est atteinte. Rincez à l'eau froide.

• Préchauffez 5 mn à pleine puissance le plat à brunir. Ajoutez 1 c à café d'huile. Mettez-y 1 échalote coupée en deux. Escalopez le ris de veau et faites-le cuire 1 mn, d'un côté, puis 45 secondes de l'autre côté. Salez et poivrez, couvrez et laissez reposer.

• Préparez la sauce qui doit avoir le temps de refroidir : Hachez fin 2 échalotes. Mettez-les dans une coupelle avec le vin blanc, le curry et quelques gouttes d'huile. Couvrez de film et enfournez pour 30 secondes à th. 9. Laissez reposer et refroidir, après avoir salé et poivré à votre goût.

• Faites cuire les haricots verts "croquants". Egouttez et réservez-les.

• Achevez la sauce : Ajoutez la crème fraîche et le jaune d'œuf dans les échalotes cuites et travaillez à la cuillère pour amalgamer. Ajoutez le reste d'huile d'olive, le vinaigre et goûtez pour rectifier l'assaisonnement.

• Sur 4 assiettes chaudes, disposez les dés de betterave froide, les haricots verts tièdes et les escalopes de ris de veau chaudes.

• Nappez de sauce et servez aussitôt.

* La même recette peut se faire avec de la cervelle d'agneau ou de veau.

Pour 4 personnes
Préparation : 15 mn (à commencer 3 h à l'avance) - Cuisson : 43 mn 15 en tout

Ingrédients :
• 400 g de ris de veau
• 1 c à soupe de vinaigre d'alcool
• 3 échalotes grises
• 1 betterave rouge cuite
• 100 g de haricots verts

Pour la sauce :
• 2 c à soupe de vin blanc sec
• 1 c à café de curry en poudre
• 1 c à soupe d'huile d'olive
• 1 jaune d'œuf
• 1 c à soupe de crème fraîche épaisse
• 1 c à soupe de vinaigre de vin rouge
• sel, poivre blanc moulu

Matériel :
• 1 cocotte et son couvercle,
1 plat à brunir, du film étirable
• 1 jatte, 1 coupelle

Par personne :
200 calories/836 K joules

VINS

ROUGE
Pomerol, St Emilion
De 5 à 6 ans/ servir à 16°

POITRINE DE PORC ROULEE AU MIEL

Epluchez et faites cuire 8 mn les oignons blancs, en cocotte, avec 1 cuillère d'eau et 1 filet d'huile, couverts, et laissez tiédir.

• Emincez les échalotes épluchées. Mettez-les dans le bol avec le miel, le gingembre, le sel et le poivre. Couvrez et faites cuire 5 mn à th. 9 en remuant les ingrédients toutes les minutes. Ajoutez le persil ciselé fin pour 1 mn de cuisson et laissez reposer.

• Coupez la viande en 12 morceaux d'égale grosseur.

• Sortez le bol, retirez, avec une écumoire, les échalotes et le hachis de persil, égouttez bien avant de les répartir sur un plat.

• Déglacez le miel de cuisson avec le vinaigre et enfournez pour 1 mn à th. 9. Ajoutez 2 cuillères à soupe d'eau, remuez, remettez au four 5 mn à th. 9.

• Roulez les morceaux de poitrine dans le mélange persil, échalotes, ficelez puis disposez-les dans le plat. Couvrez du mélange : vinaigre, miel, gingembre. Entourez avec les petits oignons égouttés. Couvrez et faites cuire, à th. 9, 1 mn 30. Découvrez et ajoutez 1 cuillère 1/2 d'eau chaude. Faites cuire encore 1 mn, toujours à th. 9. Laissez reposer 3 mn.

• Servez aussitôt avec des émincés de carottes au naturel.

Pour 4 personnes
Préparation : 6 mn - Cuisson : 21 mn 30

Ingrédients :
• 600 g de poitrine de porc cuite
(s'achète chez le charcutier)
• 1 dizaine d'échalotes pas trop grosses
• 1 botte d'oignons blancs
• 40 g de miel
• 20 g de gingembre frais haché
• 1 petit bouquet de persil plat
• 1 pincée de sel, quelques tours de moulin à poivre
• 40 cl de vinaigre de vin

Matériel :
• 1 bol et 1 soucoupe pour couvrir,
1 plat creux, 1 petite cocotte
• du film étirable, de la ficelle de cuisine

Par personne :
597 calories/2497 K joules

VINS

BLANC
Jurançon demi-sec, Pacherenc du Vic Bihl
De 3 à 4 ans / servir à 9°
ou mieux : Banyuls demi-sec, VDN Rasteau
De 5 à 6 ans / servir à 10°

JAMBON EN SAUPIQUET (BOURGOGNE)

Tronçonnez les ciboules, coupez la pomme épluchée en très petits dés. Réservez.
• Émincez les oignons, hachez fin les échalotes, pelez, écrasez et hachez l'ail.
• Chauffez le plat à brunir 5 mn. Hors du four à micro-ondes Toshiba, déposez la moitié du beurre dans le plat. Versez-y le hachis d'ail et d'échalotes, les émincés d'oignons, remuez et remettez au four pour 1 mn 30 à th. 9.
• Ajoutez ensuite les ciboules, les dés de pommes et le vinaigre. Remuez, couvrez et faites compoter 2 mn à th. 8.
• Ajoutez alors le Bourgogne, la moitié du bouillon chaud, les baies de genièvre, les baies roses, les raisins de Smyrne et mélangez bien. Recouvrez et laissez cuire 1 mn 30 à th. 9.
• Versez la sauce obtenue dans le plat creux. Rincez le plat à brunir avec la moitié du bouillon réservé. Reversez dans la sauce. Couvrez celle-ci pour la tenir au chaud, à température ambiante.
• Essuyez le plat sans le laver. Réchauffez-le à toute puissance 3 mn. Ajoutez-y le reste du beurre et dès qu'il est chaud, déposez côte-à-côte, les tranches de jambon. Enfournez, après avoir couvert et faites blondir de chaque côté juste 1 mn à th. 9.
• Retirez les tranches avec une spatule dans le plat creux, rincez le plat à brunir avec le reste (6 cl) de bouillon, reversez dans le plat, couvrez celui-ci et, à th. 9, faites compoter 2 mn.
• Au moment de retirer du four, ajoutez les cornichons coupés en rondelles et laissez reposer 4 mn.
• Servez aussitôt, brûlant, avec le même Bourgogne aligoté très frais.

Pour 4 personnes
Préparation : 10 mn - Cuisson : 17 mn

Ingrédients :
• 4 tranches épaisses de jambon à l'os, désossé
• 3 échalotes roses, 2 oignons
• 4 ciboules, 1 gousse d'ail
• 1 pomme Sainte-Germaine
• 2 c à soupe de vinaigre de vin rouge
• 20 cl de Bourgogne aligoté
• 25 cl de bouillon de volaille
(voir chapitre "Préparations de base")
• 8 baies de genièvre et 10 baies roses
• 1 c à soupe de raisins de Smyrne
• 40 g de beurre demi-sel
• 3 cornichons au vinaigre
• 1 c à soupe rase de câpres

Matériel :
• 1 plat à brunir, 1 grand plat creux pouvant contenir les 4 tranches de jambon, et un couvercle à sa taille ou du film étirable

Par personne :
775 calories/3239 K joules

VINS

BLANC
Bourgogne Aligoté, Mâcon-Villages
De 1 à 3 ans / servir à 9°
ROUGE
Bourgogne Passetoutgrains, Irancy
De 1 à 2 ans / servir à 11-12°

JAMBON CHAUD SAUCE AUX TRUFFES

Préparez la sauce en suivant les indications de la recette et tenez-la au chaud dans un bain-marie.
• Hachez les échalotes, émincez les champignons.
• Chauffez le plat à brunir pendant 5 mn. Déposez la moitié du beurre dessus et, dès qu'il est fondu, répartissez le hachis et les champignons. Poivrez mais ne salez pas encore. Couvrez et cuisez 3 mn à th. 9. Remuez à mi-cuisson. Puis retirez avec la spatule sur un plat chauffé. Couvrez pour conserver la chaleur.
• Refaites chauffer 2 mn le plat à brunir. Déposez les tranches de jambon côte-à-côte et faites-les dorer à th. 9, 2 mn d'un côté. Retournez-les, déposez dessus des petits flocons de beurre (1 cuillère), couvrez et cuisez encore 1 mn à th. 9.
• Répartissez sur les tranches, champignons et hachis. Recouvrez et tenez au chaud.
• Pendant la cuisson, vous avez coupé la truffe en lamelles. Mettez-les dans le ramequin avec le Porto. Couvrez et faites recuire 1 mn à th. 9.
• Ajoutez la Béchamel et servez aussitôt, la sauce à part, en nappant le plat, à votre gré.

* En accompagnement, une purée de courgettes.

Pour 4 personnes
Préparation : 6 mn - Cuisson : 7 à 8 mn
(sans la Béchamel)

Ingrédients :
• 4 tranches de jambon cuit à l'os de 200 g chacune
• 2 échalotes grises
• 125 g de champignons de Paris
• 2 c à soupe de beurre
• 1 bol de sauce Béchamel
(voir chapitre Sauces)
• 1 truffe et son jus
• 1 petit verre de Porto

Matériel :
• 1 petite cocotte (pour la sauce), du film étirable
• 1 plat à brunir, 1 ramequin, 1 spatule perforée.

Par personne :
725 calories/3030 K joules

VINS

ROUGE
Pomerol, St Emilion Grand Cru
De 5 à 7 ans/ servir à 16-17°

Pour 4 personnes
Préparation : 10 mn - Cuisson : 20 mn
pour le pot-au-feu et 2 à 4 mn
pour la viande

Ingrédients :
- 750 g de filet de bœuf
- 2 tablettes de bouillon Knorr
- les légumes habituels du pot-au-feu
- 1 gousse d'ail
- 1 bouquet garni
- ou 1 l de bouillon de pot-au-feu

Pour la sauce :
- 2 c à soupe de bon Banyuls sec
- 1 c à soupe de poivre vert au naturel
- 1 c à soupe de crème fraîche

Matériel :
- 1 grande cocotte,. 1 jatte moyenne
- 1 fouet,
- de la ficelle de cuisine, du film étirable

Par personne :
675 calories/2821 K joules

VINS

ROUGE
Collioure, Côtes-du-Roussillon, Cahors,
Madiran, Irouléguy
De 4 à 5 ans / servir à 15-16°

Bœuf a la ficelle

Faites couper le morceau de filet en 4 tournedos. Ficelez chaque pavé en laissant un long bout de ficelle.

- Vous avez deux solutions : ou vous préparez un pot-au-feu en vous inspirant de la recette du bouillon de volaille (voir chapitre "Préparations de base"), en remplaçant les abattis par 1 kg de viande de bœuf coupée en petits morceaux (3 cm d'épaisseur), cuisson 20 mn, ou vous mettez dans la cocotte 1 carotte, 1 navet, 2 poireaux, 1 branche de céleri que vous coupez en quatre ou en deux selon leur grosseur, avec le bouquet garni, pour 6 mn de cuisson, couvert. C'est le temps nécessaire pour précuire les légumes.

- Sortez la cocotte, faites-y dissoudre les tablettes et remettez dans le four à micro-ondes Toshiba pour atteindre à nouveau l'ébullition à th. 9. Ajoutez l'ail non épluché.

- Vous avez attaché les pavés de viande sur le manche d'une longue cuillère ou sur une baguette, après avoir vérifié qu'ainsi ils reposeraient sur les légumes, sans toucher le fond. Posez un couvercle, cela tiendra la baguette en laissant passer la vapeur. Faites cuire à pleine puissance, 2 mn si vous aimez la viande bleue, 3 mn si vous la voulez saignante, et 4 mn si vous la préférez plus à point.

- Retirez du four et laissez reposer 2 mn avant de servir d'abord le bouillon avec des croûtons grillés et aillés et quelques légumes.

- Puis servez la viande tenue au chaud sous une feuille de papier d'aluminium, avec une sauce au poivre vert.

- Ecrasez le poivre avec la chair de la gousse d'ail, salez un peu. Ajoutez la crème et fouettez avec le Banyuls, que vous versez peu à peu jusqu'à ce que tout soit homogène.

* Le bouillon filtré se conserve 2 ou 3 jours au réfrigérateur et servira comme base de mouillage ou de cuisson.

COQUELET AUX EVENTAILS DE COURGETTES

Coupez le poulet en morceaux. Epluchez les échalotes, laissez-les entières. Pelez la tomate (voir recette coulis de tomates) et concassez-la. Réservez.

- Préchauffez le plat à brunir 5 mn à th. 9.
- Versez dedans 1 cuillère d'huile et déposez les morceaux de poulet pour les faire bien dorer de tous côtés, en commençant par les cuisses puis, 2 mn plus tard, ajoutez les ailes et la carcasse. Encore 1 mn et retirez sur un plat et tenez au chaud.
- Faites réchauffer le plat à brunir 3 mn, ajoutez la seconde cuillère d'huile et faites-y fondre et blondir les échalotes, en dehors du four à micro-ondes. Remuez-les une ou deux fois pour qu'elles s'imprègnent d'huile régulièrement, puis couvrez et enfournez pour 2 mn à th. 7.
- Ajoutez ensuite les morceaux de poulet, la tomate ou le coulis, recouvrez et faites cuire 6 mn à th. 9. Laissez ensuite reposer 5 mn couvert.
- Pendant la cuisson vous aviez préparé les courgettes coupées en éventail, c'est-à-dire fendues dans la longueur, quatre fois jusqu'à 2 cm environ du pédoncule.
- Mettez-les dans une petite cocotte avec le beurre et 1 cuillère à café d'eau. Couvrez et enfournez à th. 6 pendant 2 mn. Puis passez à la pleine puissance pendant 4 mn. Laissez reposer pendant que vous remettez, sans couvrir, le poulet à réchauffer 30 secondes à toute puissance.
- Servez sur un plat entouré des échalotes et des éventails de courgettes.

Pour 4 personnes
Préparation : 10 mn - Cuisson : 25 mn 30

Ingrédients :
- 1 poulet d'1 kg 500 prêt à cuire
- 2 c à soupe d'huile d'olive
- 2 tomates de Marmande ou
1 c à soupe de coulis de tomates
(voir chapitre "Préparations de base")
- 8 échalotes roses moyennes et
de grosseur égale
- 4 petites courgettes avec leur fleur
- 1 c à soupe de beurre demi-sel
- sel, poivre

Matériel :
- 1 plat à brunir creux
- 1 petite cocotte Pyrex et son couvercle

Par personne :
667 calories/2790 K joules

VINS

ROUGE
Gaillac, Côtes-de-Frontonnais, Pécharmant
Cahors, Madiran
De 4 à 5 ans / servir à 16-17°

POULET MARENGO

Couper le poulet en morceaux (conserver les abats pour le bouillon ou pour un petit ragoût). Roulez-les dans la farine et secouez-en l'excès.

- Faites chauffer le plat à brunir à pleine puissance.
- Déposez-y le beurre fractionné et l'huile. Lorsque ceci sera chaud, rangez-y les morceaux de poulet côte à côte. Faites dorer des deux côtés ce qui demandera environ 4 mn.
- Pendant ce temps, hachez finement les oignons et l'ail écrasé.
- Retirez les morceaux de poulet avec la spatule et déposez-les dans un plat chaud que vous recouvrirez d'aluminium.
- Faites rissoler le hachis 1 mn en remuant et sans couvrir.
- Remettez les morceaux de poulet dans le plat, arrosez de cognac et flambez. Laissez s'éteindre.
- Transférez le tout dans la cocotte, coupez grossièrement les tomates avec leur peau et pépins sur le poulet, arrosez de bouillon tiède et de vin blanc, poivrez, salez très peu, couvrez et laissez cuire 4 mn. Retournez les morceaux sens dessus dessous à mi-cuisson.
- Préparez pendant cette cuisson, quatre œufs pochés et, à part, un coulis d'écrevisses ou à défaut une sauce Nantua.

* De la même façon vous préparez un veau Marengo avec de la noix de veau ou, plus simplement, du sauté, coupés en petits cubes.

Pour 4 personnes
Préparation : 10 mn - Cuisson : 9 mn

Ingrédients :
- 1 poulet fermier de 1 kg
- 1 c. à soupe de farine
- 1 c. à soupe de beurre
- 1 c. à café d'huile d'arachide ou d'olive
- 2 oignons moyens, 1 gousse d'ail
- 4 tomates bien mûres
- 7,5 cl de bouillon de volaille
- 12 cl de vin blanc sec
- 1 petit verre de cognac
- Sel, poivre noir du moulin

Matériel :
- 1 plat creux à brunir,
1 cocotte et son couvercle,
papier aluminium

Par personne :
527 calories/2205 K joules

VINS

BLANC
Tokay, Klevner, Riesling, Jurançon
De 2 à 3 ans / servir à 9-10°
ROUGE
Monthélie, Savigny, Volnay, Bourgueil, Chinon
De 3 à 5 ans / servir à 14-15°

Coquelet aux éventails de courgettes

CANETTE AUX OIGNONS ET A LA MANGUE – Michel TRAMA

Pour 4 personnes
Préparation : 15 mn
(à commencer 4 ou 5 h à l'avance)
Cuisson : 23 mn en tout

Ingrédients :
• 1 canette de 2 kg, coupée en morceaux
• 1 botte de petits oignons
• 1 mangue (750 g environ)
• 2 citrons verts
• 1 c à café de poivre vert hyophilisé
• 3 c à soupe d'eau-de-vie de cidre
• 1 c à soupe de miel liquide
• 1 c à soupe d'huile et 1 de beurre
• 1 branchette de thym
• sel fin

Matériel :
• 1 plat creux à brunir et son couvercle
(ou du film étirable)
• 1 petite cocotte et son couvercle

Par personne :
1992 calories/8328 K joules

VINS

BLANC
Sancerre, Menetou-Salon, ou Cérons,
Cadillac (Premières Côtes-de-Bordeaux) demi-secs
De 2 à 3 ans / servir à 9-10°
ROUGE
Rivesaltes ou Banyuls (demi-sec)
De 4 à 6 ans / servir à 9°

Ecrasez au pilon (ou mixez) le poivre vert avec du sel et le thym emiétté. Mélangez avec l'eau-de-vie de cidre. Enduisez-en les morceaux de canette de tous côtés et laissez macérer au frais 4 ou 5 h.

• Epluchez les petits oignons (laissez-leur la tige verte, si elle est fraîche), levez les zestes des citrons verts, taillez-les en julienne. Pressez le jus d'1 des citrons dans un bol, coupez l'autre citron en tranches que vous réservez. Pelez la mangue et coupez-en la chair en dés au-dessus du bol pour recueillir le jus. Réservez le bol à température ambiante.

• Au moment du repas, mettez les oignons dans une petite cocotte avec un peu de jus de citron vert et de mangue et 1 cuillère à soupe d'eau froide. Couvrez et cuisez 5 mn à th. 9. Laissez reposer 4 mn.

• Faites chauffer le plat à brunir. Mettez-y l'huile et le beurre à chauffer 2 mn à th. 8. Faites-y dorer les morceaux côté peau d'abord 2 mn à th. 9 sans couvrir. Retournez les morceaux, faites dorer l'autre côté 1 mn. Retournez encore les morceaux peau au fond pour 2 mn, couverts. Puis sortez le plat et passez un pinceau trempé dans le miel sur le côté peau des morceaux. Couvrez et faites cuire 5 mn.

• Sortez le plat et, en le penchant, arrosez les morceaux de jus. Ajoutez ensuite le jus du bol (jus de mangue et de citron vert) et la julienne de zeste. Recouvrez et laissez cuire, à th. 6, 3 mn.

• Ajoutez les dés de mangue et les petits oignons bien égouttés. Recouvrez et poursuivez la cuisson, à th. 8, 5 mn. Goûtez et rectifiez l'assaisonnement.

• Laissez reposer 5 mn avant de servir avec les légumes et les tranches de citron vert.

PIGEONNEAUX AUX EPICES – Michel TRAMA

Pour 4 personnes
Préparation : 15 mn
Cuisson : 8 mn pour les pigeonneaux,
7 mn pour la sauce

Ingrédients :
• 4 pigeonneaux de 400 g
chacun vidés et bridés
• 50 g de beurre
• 2 citrons verts
• 40 g de miel
• 4 cl de vinaigre de vin rouge
• 1/4 de cube de bouillon de volaille
• 1 pointe de cannelle et 1 de cinq-épices
• 25 g de poivre vert
• 25 baies roses déshydratées
• 1/2 c à soupe de julienne de gingembre
• 1 petite pincée de pistils de safran
• sel et poivre moulu

Matériel :
• 1 plat de 30 cm de diamètre
et 1 couvercle
• du film étirable

Par personne :
710 calories/2968 K joules

VINS

BLANC
Meursault (les Charmes, les Perrières,
Goutte d'or), Puligny-Montrachet
De 4 à 5 ans / servir à 10-12°

Pelez à vif les citrons et coupez-les en tranches en réservant, d'un côté le jus rendu, et de l'autre, les tranches .

• Mettez le beurre dans une coupelle et faites-le fondre 1 mn à th. 3. Avec un pinceau plat, badigeonnez-en les pigeonneaux. Salez, poivrez et déposez-les sur un plat de 30 cm de diamètre. Couvrez (film ou saladier renversé) et cuisez 8 mn à th. 7. Repos de 4 mn pour les pigeonneaux enveloppés d'aluminium, côté brillant à l'intérieur.

• Pendant ce temps, mettez le miel dans un saladier. Couvrez de film et enfournez 1 mn 30 à th. 9.

• Déglacez le miel avec le vinaigre de vin rouge et le jus rendu par les citrons verts. Couvrez et comptez 1 mn 30 à th. 9.

• Ajoutez alors le quart de cube de bouillon de volaille dans 15 cl d'eau et le jus que les pigeonneaux auront rendu. Repassez au four, couvert, à th. 8 pour 1 mn 30.

• Ajoutez maintenant la cannelle et les cinq-épices. Recouvrez et faites cuire 2 mn à th. 8.

• Passez la sauce obtenue au chinois au-dessus d'un saladier. Ajoutez-y le poivre vert, les baies roses et la julienne de gingembre. Mélangez.

• Posez chaque pigeonneau sur une assiette chaude et entourez-le des tranches de citron vert. Arrosez de sauce et servez aussitôt.

POULARDE AU SEL – Michel TRAMA

Demandez à votre volailler de désosser les cuisses et de les ficeler, reconstituées, comme un rôti de bœuf ou de veau. Coupez chaque cuisse en deux, entre 2 liens de ficelle, de façon à obtenir 4 morceaux.

• Mélangez, dans une jatte, le sel et les blancs d'œufs. Répartissez la couche (1/3 environ) du mélange, installez dessus les 4 morceaux de cuisse sans qu'ils se touchent et recouvrez-les du reste du sel mélangé.

• Faites cuire à th. 7 pendant 10 mn. Comptez 5 mn de repos ou post-cuisson.

* Si la préparation a été faite trop à l'avance, sachez que les cuisses se conserveront 20 mn dans leur croûte de sel, non cassée.

Pour 4 personnes
Préparation : 5 mn - Cuisson : 10 mn
Ingrédients :
• 2 grosses cuisses de poularde (environ 500 g)
• 1 kg 500 de gros sel marin
• 6 blancs d'œufs
Matériel :
• 1 grand saladier, 1 grande jatte

Par personne :
450 calories/1881 K joules

VINS

ROUGE
St Emilion, Lalande de Pomerol
De 5 à 6 ans / servir à 16°
Nuits-St Georges, Musigny
De 4 à 5 ans / servir à 15°

PINTADE AUX POMMES, AUX ENDIVES ET AUX AMANDES

Ouvrez la pintade en "crapaudine", c'est-à-dire, par le dos pour pouvoir l'aplatir et la cuire ouverte, à plat.

• Passez un pinceau, trempé dans l'huile et le beurre, sur tout le côté peau.

• Faites chauffer le plat à brunir. Mettez une noisette de beurre. Lorsqu'il est très chaud, appuyez la peau de la volaille sur le fond et laissez dorer sans couvrir 5 mn à th. 9.

• Mélangez le sucre et le thym. Poudrez-en la volaille et poivrez généreusement. Couvrez et faites cuire encore 4 mn.

• Pendant ce temps, effeuillez les endives, épluchez et émincez la pomme. Hachez les échalotes.

• Sortez le plat du four à micro-ondes. Laissez reposer pendant la cuisson des légumes et des fruits.

• Mettez ensuite les émincés de pommes, les échalotes, les feuilles d'endive dans la cocotte avec le reste d'huile et le beurre. Couvrez de film et faites cuire 3 mn à th. 9.

• Sortez, après ce temps, saupoudrez et déposez la pintade sur les ingrédients, peau au-dessus. Couvrez avec le couvercle et laissez cuire encore 7 mn.

• Laissez reposer 5 mn, toujours couvert, puis sortez la volaille sur un grand plat chauffé et entourez-la des légumes et des fruits.

• Ajoutez la crème au jus de la cocotte en grattant les sucs de cuisson avec une cuillère en bois. Goûtez l'assaisonnement et rectifiez si nécessaire (un peu de sucre si le jus est trop acidulé ou, au contraire, un peu de citron si le sucre est trop présent), couvrez et mettez dans le four à micro-ondes pour 1 mn à th. 9.

• Passez ou non la sauce au chinois et nappez-en juste la volaille. Servez aussitôt.

Pour 4 personnes
Préparation : 15 à 20 mn
Cuisson : 21 mn en tout

Ingrédients :
• 1 petite pintade (pas plus d'1 kg)
• 2 pommes Reine des Reinettes
• 3 endives
• 2 c à soupe d'amandes effilées
• 2 échalotes grises
• 1 c à soupe d'huile et 1 de beurre
• 20 cl de crème fraîche
• le jus d'1/2 citron
• 1 pincée de sucre roux
• 1 pincée de thym en poudre
• sel et poivre du moulin

Matériel :
• 1 cocotte ronde ou ovale et son couvercle qui servira de plat à brunir (Pyrex)
• du film

Par personne :
635 calories/2654 K joules

VINS

BLANC
Chablis 1er Cru, St Véran, Pouilly-Fuissé
servir à 9-10°
ROUGE
Léger et fruité : Côtes-de-Buzet / servir à 14°

Gigue de Marcassin au miel et aux epices

Pour 6 personnes :
Préparation : 15 mn
(à commencer la veille)
Cuisson : 20 mn 30

Ingrédients :
• 1 cuissot (ou à défaut, 1 épaule)
de 1 kg 250 à 1 kg 500

Pour la farce :
• 100 g de lard frais haché
• 3 échalotes grises, 1 oignon
• 2 gousses d'ail
• 1 pomme reinette
• 1 bouquet de persil
• 1 c à café de poivre noir moulu gros
• 1 pincée de quatre-épices
• 1/2 c à café de thym frais émietté
• 1 c à café d'huile

Pour la macération :
• 1 c à soupe d'huile
• 1 c à soupe de baies de genièvre
• 10 grains de poivre noir
• 1 feuille de laurier frais
• 1 branche de thym frais
• le zeste d'1/2 citron non traité

Pour la cuisson :
• 2 carottes moyennes
• 6 figues fraîches
• 2 échalotes grises
• 1 c à soupe de gelée de myrtilles
• 1 c à soupe de Xérès
• 2 c à soupe de miel

Matériel :
• 1 petite cocotte et son couvercle
• 1 cocotte à brunir à la taille de la gigue
et du film étirable
• 1 chinois

Par personne :
816 calories/3413 K joules

VINS

ROUGE
Côtes-de-Nuits, Côte-Rôtie, Gigondas
De 4 à 6 ans / servir à 16°

Demandez à votre boucher de raccourcir le manche et de retirer l'os de la cuisse par l'intérieur, sans ouvrir la chair.
• Préparez la macération en mixant tous les ingrédients avec l'huile, pour obtenir une pâte dont vous frotterez puis enduirez le cuissot. Posez la viande sur une planche, enveloppez le tout d'un linge ou de papier aluminium et laissez reposer une nuit au frais.
• Le lendemain préparez la farce : hachez les échalotes, les oignons, l'ail assez fin. Pelez, épépinez et coupez en dés la reinette. Hachez ou faites hacher le lard découenné (gardez la couenne pour la cuisson).
• Dans la petite cocotte, mettez la cuillère à café d'huile à chauffer et faites fondre, couvert, les oignons et les échalotes de la farce pendant 2 mn à th. 9. Ajoutez l'ail, recouvrez et faites cuire 30 secondes. Laissez reposer 3 mn.
• Ajoutez ensuite dans la cocotte le lard haché, le thym, la pomme, le persil et les épices. Salez peu et mélangez bien. Farcissez-en la gigue. Réservez.
• Epluchez les légumes qui accompagneront la viande pendant la cuisson et lui donneront du moelleux. Coupez les carottes en rondelles, laissez les échalotes entières.
• Préchauffez une cocotte à brunir 5 mn.
• Ajoutez l'huile et déposez-y la viande débarrassée de son papier protecteur mais toujours recouverte de sa pâte de macération.
• Faites revenir couvert 3 mn d'un côté à th. 9 puis retournez le cuissot (ou gigue) et faites dorer 4 mn de l'autre côté, toujours couvert.
• Déposez, autour de la viande, les légumes, les figues entières et les branchettes effeuillées du thym avec les tiges de persil et 1 cuillère de bouillon. Versez le miel sur la viande, couvrez et laissez cuire 9 mn (le gibier doit être plus cuit que la viande mais pour être sûr de la cuisson exacte, vérifiez-la avec le thermomètre spécial à micro-ondes).
• Ajoutez le Xérès en le faisant couler sur la viande. Recouvrez et laissez, soit cuire 1 ou 2 mn, selon le résultat fourni par le thermomètre, soit laissez reposer 10 mn. De toute façon, le repos de 8 à 10 mn est nécessaire pour que le jus reste bien au cœur.
• Déposez la viande sur une planche à rigole pour pouvoir recueillir le jus. Découpez-la en tranches.
• Recueillez le jus de la cocotte et celui de la planche. Mettez dedans 1 cuillère de gelée de myrtilles, remuez (si vous trouvez le jus trop court, mettez 1/2 verre de bouillon, de vin blanc ou de jus d'orange pour détendre). Couvrez et faites cuire 3 mn à th. 8.
• Servez la gigue avec les carottes et les figues et une purée de céleri ou des châtaignes ou des pleurotes (voir chapitre "Légumes"). La sauce sera servie à part, filtrée.

* Vous pouvez préparer de la même façon une épaule d'agneau roulée (sur la farce) ou un gigot désossé, farci ou non. Comptez pour 1 kg de viande 10 à 11 mn de cuisson et 9 à 10 mn de repos avant la découpe.

** Si vous utilisez des figues sèches, faites-les gonfler 2 mn à l'eau bouillante puis égouttez-les.

TOURTIERE DE VOLAILLE

Pour 4 personnes
Préparation : 18 mn - Cuisson : 30 mn 30

Ingrédients :
- 1 beau poulet fermier
- 100 g de parures de jambon cru
- 1 botte (ou 1 boîte) de salsifis
- 5 ou 6 champignons de Paris
- 1 oignon, 1 carotte
- 25 cl de bouillon de volaille
(voir chapitre "Préparations de base")
- 1 petit verre de Muscat sec
- 1 petite boîte de morceaux de truffes
- 1 paquet de pâte feuilletée
(en rouleau, non surgelée)
- 1 œuf
- 1 citron non traité
- sel, poivre blanc moulu, muscade râpée

Matériel :
- 1 plat à brunir, 1 tourtière ou
1 plat creux rond en Pyrex, 1 jatte,
1 cocotte et son couvercle
- du film étirable
- 1 pinceau de cuisine

Par personne :
1095 calories/4577 K joules

VINS

ROUGE
Pomerol, St Emilion ou Beaune,
Gevrey-Chambertin, Pommard
De 6 à 7 ans/ servir à 16-17°

Coupez le poulet en 8 morceaux et concassez la carcasse.
- Préchauffez 5 mn le plat à brunir. Versez-y ensuite le beurre et déposez les morceaux de poulet, carcasse comprise. Faites revenir 2 mn 30, côté os d'abord, puis 1 mn côté peau. Laissez reposer 5 mn.
- Pendant ce temps, épluchez et tronçonnez la carotte et l'oignon. Déposez-les dans la cocotte. Coupez la base des champignons, lavez-les, séchez-les et partagez-les selon leur grosseur, en quatre ou en six. Retirez les morceaux de poulet dans la cocotte.
- Réchauffez le plat à brunir 5 mn à toute puissance. Faites-y cuire les champignons, couvert 2 mn. Laissez reposer 2 mn. Puis retirez-les, à la spatule, dans un plat creux.
- Ajoutez les parures de jambon dans la cocotte, mouillez avec le bouillon de volaille, couvrez et faites cuire à pleine puissance 12 mn. Laissez ensuite reposer jusqu'au tiédissement.
- Egouttez les salsifis en boite, rincez-les puis tronçonnez-les. Mettez-les dans le plat à brunir avec une noisette de beurre, couvrez de film et faites suer 1 mn 30 à th. 8. Mélangez-les, recouvrez et remettez, dans le four à micro-ondes Toshiba, 30 secondes à th. 7. Laissez reposer, couvert 3 mn.
- Farinez un plan de travail et étalez la pâte au rouleau en un cercle de 26 cm environ (plus large que la surface de la tourtière).
- Retirez et égouttez les morceaux de poulet. Détachez la chair des os et remettez ceux-ci avec la carcasse et les légumes dans la cocotte. Enfournez couvert pour faire réduire à th. 8 pendant que vous préparez le plat lui-même. Vous surveillez simplement que le liquide réduit de moitié environ.
- Mélangez, dans le plat creux, les morceaux de volaille, les tronçons de salsifis, les champignons et les morceaux de truffes taillés en lamelles au-dessus du plat. Salez un peu, poivrez et saupoudrez de muscade râpée. Mélangez bien.
- Passez, au-dessus d'un bol, le jus bien réduit et très onctueux. Pressez avec le dos d'une cuillère pour extraire le maximum de sucs. Ajoutez le jus de la boite de truffes et le vin de Muscat.
- Répartissez le mélange, chair et salsifis, dans le fond de la tourtière, arrosé du jus parfumé.
- Posez le "couvercle" de pâte sur le plat, le pourtour légèrement mouillé au pinceau sur 2 cm. Pressez avec les doigts, à la fois contre la paroi de verre, et sur le contour afin de bien souder la pâte au récipient.
- Battez le jaune d'œuf avec un reste (1/2 cuillère à café) de jus. Passez-le au pinceau sur la pâte (ou utilisez le liquide à colorer que l'on connait peu en France, mais que les Canadiens et les Américains utilisent beaucoup (en épiceries spécialisées).
- Faites, à la surface, quelques entailles qui feront un décor et permettront l'évaporation de la vapeur.
- Glissez le plat dans le four à micro-ondes pour 8 mn de cuisson à th. 6 puis 4 mn à th. 9.
- Sortez le plat et vérifiez que la cuisson de la pâte, qui doit être sèche en surface, et cependant souple. Laissez reposer 5 mn au chaud avant de servir avec un bol de crème fraîche bien froide.

* Pour les inconditionnels de la pâte bien dorée, un passage de quelques minutes sous la rampe (gril) d'un four classique donnera un doré parfait.

TERRINE DE LAPEREAU GRAND-MÈRE

Désossez le rable et les cuisses. mettez les os et les parures de chair dans la cocotte avec le fumet. Couvrez et faites cuire à th. 9, 15 mn.
- Repos de 5 mn avant de filtrer, puis de laisser tiédir un peu avant d'ajouter la gélatine ramollie à l'eau fraîche.
- Hachez, pendant cette cuisson, la chair du garenne et mettez-la dans une jatte avec le thym émietté, le laurier fractionné, le poivre, la chair à saucisse, l'Armagnac (si vous pouvez faire macérer 24 h avant au frais, mais pas au froid, ce serait plus savoureux). Mélangez bien et laissez reposer couvert.
- Prélevez une petite louche de fumet tiède et faites tremper la mie de pain quelques minutes.
- Mélangez dans la jatte de macération, les viandes et la mie de pain. Ajoutez, lorsque le mélange est homogène, la crème fraîche, les jaunes d'œufs mélangés (mais non battus) à part. Salez un peu. Rectifiez en poivre après avoir goûté.
- Partagez la crépine en 2 morceaux dont vous tapissez les 2 terrines ou les ramequins en la laissant dépasser.
- Tassez le mélange dans les 2 récipients, rabattez la crépine sur la chair. Déposez-les dans un grand plat creux rempli d'eau chaude au premier tiers de la hauteur des moules. mettez à cuire à th. 9 pendant 3 mn dans le four à micro-ondes Toshiba.
- Faites pivoter les récipients sur eux-mêmes de façon à ce que la partie intérieure soit à présent vers les parois du four. Faites cuire encore à même puissance 3 mn.
- Laissez ensuite reposer 5 mn si vous voulez servir chaud ou totalement refroidir à température ambiante avant de conserver, couvert d'aluminium, au réfrigérateur.

Pour 4 personnes
Préparation : 15 mn
Cuisson : 6 mn pour les terrines,
15 mn pour le fumet

Ingrédients :
- 1 rable et les cuisses d'un lapereau (lapin de garenne ou petit lièvre)
- 1 grand morceau de crépine de porc
- 1 tranche de pain de campagne sans croûte
- 10 cl de crème fleurette
- 100 g de chair à saucisse fine
- 1 feuille de laurier, 2 brins de thym
- 1 pincée de quatre-épices
- 1 petit verre d'Armagnac
- sel et poivre moulu
- 3 feuilles de gélatine
- 20 cl de fumet de gibier (voir chapitre "Préparations de base")

matériel :
- 1 jatte, 1 hachoir et 1 grille moyenne
- 1 cocotte et son couvercle (pour le fumet d'os)
- 1 grand plat pouvant recevoir 2 ramequins ou 2 moules rectangulaires
- du film étirable.

Par personne :
1175 calories/4911 K joules

VINS

ROUGE
Beaujolais-Villages, Juliénas, Côtes-de-Brouilly
ou Touraine, Bourgueil, Chinon
De 2 à 3 ans / servir à 12-13°

ESCALOPE DE DINDE A L'ALSACIENNE

Huilez au pinceau les deux côtés de chaque escalope.
- Chauffer le plat à brunir 6 mn à toute puissance puis déposez-y les escalopes 2 mn d'un côté, 1 mn de l'autre.
- Pendant ce temps, hachez finement les échalotes et effeuillez l'estragon.
- Sortez les escalopes, déposez-les sur un plat et couvrez-les. A leur place mettez le hachis bien réparti. Couvrez et faites cuire 1 mn. Déposez les escalopes sur le hachis, parsemez-les de feuilles d'estragon et de graines de carvi, poivrez et salez peu, arrosez de vin blanc. Couvrez et faites cuire 5 mn.
- Retirez ensuite du four. Versez le jus dans un bol en maintenant les escalopes avec une spatule. Mélangez-le en fouettant avec la crème puis arrosez-en la viande. Recouvrez et cuisez encore 1 mn, puis laissez reposer 4 mn.

Pour 4 personnes
Préparation : 6 mn
Cuisson : 10 mn en tout

Ingrédients :
- 4 escalopes de dinde
- 3 échalottes grises
- 1 c à café d'huile d'arachide
- 1 branche d'estragon
- 10 cl de Sylvaner
- 1 petit pot (12 cl) de crème fraîche
- 1 pincée de grains de carvi
- sel, poivre blanc du moulin

Matériel :
- 1 plat à brunir creux ou ovale, son couvercle ou du film étirable
- 1 pinceau de cuisine

Par personne :
567 calories/2372 K joules

VINS

BLANC
Sylvaner, Riesling, Tokay, Klevner
De 1 à 3 ans / servir à 8°
ROUGE
Pinot Noir, Bouzy, Sancerre
De 2 à 3 ans / servir à 10-11°

Terrine de lapereau grand-mère

Pour 4 personnes
Préparation : 12 mn – Cuisson : 19 mn

Ingrédients :
- 1 lapin de 1 kg 650
- 4 gros oignons émincés
- 4 gousses d'ail
- 35 cl de vin blanc sec
- 12 abricots secs
- 125 g de raisins de Smyrne ou de Corinthe
- 1 zeste d'orange séché
- 10 grains de genièvre
- 2 clous de girofle
- 1 branche de romarin
- 2 c à café de cannelle en poudre
- 2 feuilles de sauge
- 2 c à soupe de miel liquide
- 4 feuilles de menthe fraîche
- 2 c à soupe d'huile d'arachide
- sel et poivre noir moulu

Matériel :
- 1 plat creux à brunir, un couvercle ou du film étirable
- 1 bol, 1 petite jatte

Par personne :
1022 calories/4274 K joules

VINS

BLANC
Meursault, Chassagne-Montrachet, Musigny
De 2 à 4 ans / servir à 10°
ROUGE
Sancerre, Menetou-Salon, Reuilly
De 1 à 3 ans / servir à 10-11°
Monthélie, Morey St Denis
De 3 à 5 ans / servir à 15-16°

Lapin a la solognote

Faites, la veille, gonfler les abricots dans de l'eau tiède.
- Dans un bol, mettez les épices, la menthe et la moitié du vin blanc à macérer avec le miel. Couvrez.
- Le lendemain, coupez le lapin en morceaux (ne cassez pas les os avec un couperet, sous peine d'esquilles).
- Faites préchauffer le plat à brunir. Ajoutez l'huile après 5 mn et disposez les morceaux de lapin pour 5 mn de cuisson à pleine puissance.
- Retournez les morceaux, ajoutez les oignons hachés, couvrez et laissez cuire 3 mn. Transvasez ensuite le lapin dans une cocotte.
- Après ce temps, versez sur le lapin la macération d'épices, les abricots bien égouttés, les raisins secs, le zeste d'orange, les gousses d'ail épluchées mais entières et écrasées. Salez un peu et poivrez à votre goût.
- Couvrez et faites cuire à th. 8 pendant 5 mn, toujours couvert.
- Disposez les morceaux dans un plat de service chauffé. Couvrez et tenez au chaud.
- Retirez de la sauce le zeste d'orange, les clous de girofle, les baies de genièvre, la sauge et la branche de romarin.
- Prélevez les raisins et les abricots et disposez-les autour des morceaux.
- Mixez la sauce qui doit être onctueuse, réchauffez-la si nécessaire 1 mn à pleine puissance, et nappez-en la viande.
- Servez aussitôt avec du riz créole Uncle Ben's, une purée de légumes, des pâtes ou encore du céleri boule cuit nature.

Pour 4 personnes
Préparation : 8 à 10 mn
Cuisson : 13 mn

Ingrédients :
- 2 pigeons
- 1 citron non traité
- 1 mandarine
- 24 pruneaux d'Agen dénoyautés
- 1 c à soupe d'Armagnac
- 15 cl de bouillon de volaille tiède
- 1 bouquet d'herbes diverses fraîches
- 4 c à soupe rases de riz cuit
- 6 échalotes grises
- 45 g de beurre
- sel, poivre
- pincée de cannelle

Par personne :
607 calories/2539 K joules

VINS

ROUGE
Médoc : St Julien, St Estèphe, Listrac, Margaux
De 7 à 8 ans / servir à 16°
Côtes-de-Bourg, Côtes-de-Blaye
De 5 à 6 ans / servir à 16°

Pigeons au citron et aux pruneaux

Hachez 2 échalotes et mettez-les à cuire dans la cocotte avec 15 g de beurre. Ajoutez le jus de la mandarine, recouvrez et laissez encore cuire.
- Dans une jatte, mélangez toutes les herbes hachées avec le riz, l'écorce de citron lavée, du sel et du poivre, le hachis d'échalotes cuites et le tiers du beurre. Mélangez soigneusement, arrosez d'Armagnac. Mélangez encore.
- Farcissez-en les pigeons et refermez bien l'ouverture en recousant ou avec des piques en bois. Bridez les pigeons en serrant les pattes et les ailes contre le corps.
- Mettez le reste de beurre à fondre dans la cocotte avec les 4 échalotes coupées en quatre. Déposez les pigeons sur les dés, bien séparés les uns des autres, arrosez d'un peu de beurre fondu et laissez dorer 1 mn de chaque côté, sans couvrir.
- Ajoutez la moitié du bouillon tiède, couvrez et faites cuire 4 mn.
- Retournez les oiseaux sur le ventre et maintenez-les avec les échalotes et les pruneaux que vous ajoutez. Versez, si cela est nécessaire, encore un peu de bouillon. Assaisonnez, couvrez et faites cuire 4 mn.
- Laissez reposer 2 mn. Sortez les pigeons, couvrez-les de papier aluminium et tenez-les au chaud.
- Ajoutez le reste de bouillon, ne couvrez pas et programmez à th. 9 pour 2 mn, afin de réduire le jus qui doit être sirupeux.

Lapin à la solognote

RIZ AUX LEGUMES

Coupez le pied terreux des champignons, lavez-les rapidement et coupez-les en quatre quartiers. Arrosez-les de jus de citron et laissez en attente.

• Epluchez, lavez, émincez la carotte et le blanc de poireaux. Equeutez les petits pois ou écossez-les. Hachez l'oignon.

• Faites chauffer la cocotte puis faites-y fondre l'huile et 1 cuillère de beurre. Repartissez l'oignon haché, enfournez pour 1 mn à th. 9 sans couvrir.

• Emincez très finement le lard, ajoutez-le à la cocotte. Faites fondre, sans couvrir 2 mn à th. 8.

• Ajoutez les carottes et les blancs de poireaux. Couvrez et laissez cuire 3 mn à th. 8.

• Emincez le fond d'artichaut, ajoutez-le avec le vin blanc. Couvrez et laissez cuire 1 mn. Ajoutez les champignons de Paris et leur jus, les petits pois, couvrez et faites cuire 3 mn à th. 7.

• Versez en pluie le riz, ajoutez les lamelles de cèpes et couvrez de bouillon chaud. Le niveau du liquide doit arriver à 2 cm au-dessus du niveau des ingrédients (complétez, s'il le faut, avec de l'eau bouillante). Posez le couvercle et faites cuire 12 mn.

• Sans découvrir, laissez reposer 5 mn. Le riz, pendant cette post-cuisson, va gonfler et achever de cuire.

• Servez aussitôt avec une coupelle de comté râpé bien poivré et de la crème fraîche bien froide.

* C'est un plat complet qui s'accompagnera d'une salade verte et sera suivi d'un dessert non farineux (flan sans farine, ou mieux, compote de fruits).

Pour 4 personnes
Préparation : 10 à 12 mn
Cuisson : 22 mn

Ingrédients :
• 200 g de riz long Uncle Ben's
• 1 oignon moyen
• 100 g de lard fumé
• 2 c à soupe de beurre
• 1 c à café d'huile d'arachide
• 10 cl de Muscadet
• 15 cl de bouillon de volaille (voir chapitre "Préparations de base")
• 5 à 6 oignons frais avec leur tige
• 6 champignons de Paris moyens
• le jus d'1/2 citron
• quelques lamelles de cèpes séchés (en sachet)
• 1 petite carotte, le blanc d'un poireau
• 100 g de mange-tout ou 100 g de petits pois très fins
• 1 fond d'artichaut frais ou surgelé
• sel, poivre blanc fraîchement moulu

Matériel :
• 1 cocotte à brunir et son couvercle

Par personne :
537 calories/2210 K joules

VINS

BLANC
Muscadet, Entre-Deux-Mers, Graves
De 2 ans / servir à 8-9°
ROUGE
Graves, Côtes de Fronsac, Gaillac, Bergerac
De 3 à 4 ans/ servir à 14-15°

CHOU-FLEUR EN PAPILLOTE

Laissez le chou entier avec les plus tendres feuilles mais creusez le trognon par endessous. Frottez tout le légume avec 1/2 citron puis enveloppez-le, après l'avoir bien lavé, avec du papier sulfurisé.

• Déposez-le dans un plat creux avec une cuillère d'eau. Couvrez de film.

• Faites cuire 8 mn à th. 9. Laissez reposer 4 mn.

• Préparez, pendant ce temps, la sauce au safran. Dans une coupelle moyenne, faites fondre le beurre 30 secondes à th. 6 avec ce qui reste d'eau de cuisson.

• Ajoutez ensuite le jus du 1/2 citron restant et les 2 jaunes d'œufs. Battez un peu au fouet. Mettez à cuire 15 secondes à th. 7 sans couvrir dans le four à micro-ondes Toshiba.

• Sortez la coupelle, fouettez quelques secondes, couvrez de film (que vous percez au centre) ; faites encore cuire 10 secondes à th. 8.

• Sortez la coupelle. Laissez reposer 2 mn. Puis ajoutez le safran en filaments, poivrez, salez et fouettez encore quelques secondes. La sauce est prête.

* Si la sauce avait trop cuit, la fouetter énergiquement avec 1 ou 2 cuillères d'eau glacée ou mixez-la avec 1 cuillère d'eau toujours glacée. Faites réchauffer ensuite, couvert, 6 secondes à th. 5.

** Vous pouvez ajouter les blancs d'œufs fouettés fermes avec un peu de sel pour transformer la sauce en mousseline. C'est aérien.

• Servez le chou-fleur dans un joli plat avec la sauce à part et une coupelle d'herbes ciselées.

Pour 4 personnes
Préparation : 3 mn - Cuisson : 8 mn 55

Ingrédients :
• 1 chou-fleur breton bien blanc
• 1 citron non traité

Pour la sauce :
• 100 g de beurre
• 2 jaunes d'œufs
• 1 c à soupe de crème fleurette
• sel et poivre blanc du moulin
• 1 pincée de safran en filaments

Matériel :
• 1 plat creux rond, 1 coupelle
• 1 fouet, du film étirable

Par personne :
300 calories/1252 K joules

VINS

ROSE
Bourgogne Marsannay de 2 ans / servir à 10°
ROUGE
Cahors, Madiran, Irouléguy
De 3 ans / servir à 14-15°

Chou-fleur en papillote

TOMATES FARCIES

Pour 4 personnes
Préparation : 10 mn - Cuisson : 5 mn

Ingrédients :
• 4 grosses tomates de même taille
• 80 g de gésiers confits (conserves)
• 2 gousses d'ail
• 4 c à soupe d'huile d'olive
• 3 c à soupe de chapelure
• 1 bouquet de persil et 1 de basilic
• sel et poivre blanc moulu frais

Matériel :
• 1 plat rond ou 1 petite assiette

Par personne :
165 calories/689 K joules

VINS

ROUGE
Châteauneuf du Pape, Gigondas, Bandol
De 3 à 6 ans / servir à 15-16°

Hachez les gésiers en petits dés, écrasez et ciselez l'ail, hachez les herbes et mélangez le tout avec la chapelure, du sel et du poivre. Ajoutez 2 cuillères d'huile, mélangez encore. Réservez.
• Lavez et séchez les tomates. Coupez le chapeau et évidez chaque légume-fruit avec une petite cuillère. Faites cela délicatement, il s'agit d'enlever les graines sans retirer la chair intérieure. Assaisonnez le dessous des chapeaux et la cavité des tomates. Remplissez-les de farce. Tassez-la un peu.
• Huilez une petite assiette ou un plat creux avec 2 cuillères d'huile.
• Disposez les tomates farcies sans chapeau en cercle en laissant un espace vide au centre et en les espaçant régulièrement.
Enfournez à th. 9 pour 4 mn 30, puis posez le chapeau sur chaque tomate et achevez de cuire 30 secondes. Laissez reposer 5 mn. Servez immédiatement.

LENTILLES AUX SAUCISSES ET AUX LARDONS

Pour 4 personnes
Préparation : 8 mn - Cuisson : 28 mn

Ingrédients :
• 250 g de lentilles vertes du Puy
• 125 g de lard de poitrine fumé
• 1 oignon piqué d'un clou de girofle
• 1 gousse d'ail, 2 échalotes roses
• 1 bouquet garni
• 1 saucisse de Toulouse
• 1 c à soupe rase de saindoux
• 1/2 bouquet de ciboulette
• sel et poivre noir en grains

Matériel :
• 1 cocotte ronde et son couvercle
• 1 plat à brunir
• 1 passoire

Par personne :
487 calories/2038 K joules

VINS

ROUGE
Anjou, Chinon, Mâcon ou Corbières, Minervois
De 3 à 4 ans / servir à 15-16°

Rincez les lentilles mises dans une passoire et trempées dans un récipient d'eau. Il suffit de retirer la passoire pour égoutter les légumes. Vérifiez (sauf pour les vraies lentilles du Puy) si un trempage est nécessaire, ce qui est souvent le cas avec les légumes secs d'importation.
• Epluchez l'oignon (piquez-le d'un clou de girofle), l'ail, l'échalote. Déposez dans la cocotte avec le bouquet garni, les lentilles et les grains de poivre légèrement concassés. Recouvrez d'eau (65 cl environ). Couvrez et faites cuire à pleine puissance 15 mn.
• Salez et laissez cuire encore pendant 5 mn. Ajoutez, après ce temps, le saindoux.
• Pendant que cuisaient les lentilles, vous avez taillé le lard en petits dés. Déposez-les dans le plat à brunir et couvrez. Laissez revenir 1 mn d'un côté et 1 mn de l'autre. Retirez les lardons.
• Faites réchauffe le plat à pleine puissance 1 mn et déposez la saucisse piquée, au préalable, avec les dents d'une fourchette, pour 5-6 mn selon le type de saucisse (6 mn pour la Toulouse). Retournez-la à mi-cuisson.
• Disposez la saucisse tronçonnée et les lardons sur les lentilles versées dans un plat creux et réchauffez quelques secondes si nécessaire, couvert d'une feuille de film.

Pour 4 personnes
Préparation : 15 mn - Cuisson : 21 mn

Ingrédients :
- 1 beau chou vert
- 3 beaux oignons
- 1 échalote grise
- 1 gousse d'ail
- 1 noix de beurre mou
- 200 g de talon de jambon à l'os
- 2 tranches de jambon à l'os
  (250 g environ)
- 150 g de lard de poitrine fumé
- 1 gros "œuf" de mie de pain
- 2 c à soupe de crème fleurette
- 1 œuf (60 g)
- sel et poivre du moulin
- 1 pincée de muscade râpée

Matériel :
- 1 cocotte en verre de 2 l et
  son couvercle, 1 plat
- du film étirable, de la ficelle ou
  de l'élastique pour la cuisson
- 1 mixeur

Par personne :
780 calories/3260 K joules

VINS

BLANC
Château-Chalon, Vin Jaune du Jura, Condrieu
De 6 à 10 ans / servir à 12-13°
ROUGE
Côtes de Provence, Bandol, Vacqueyras, Gigondas
De 4 à 6 ans / servir à 15-16°

Pour 4 personnes
Préparation : 12 mn - Cuisson : 38 mn

Ingrédients :
- 350 g d'asperges vertes
- 50 g de beurre + 10 g pour les
  ramequins
- 60 cl de lait
- 2 œufs (de 65 g)
- sel, poivre, muscade

Matériel :
- 4 ramequins moyens,
  1 petite cocotte en pyrex
- 1 mixeur, 1 chinois

Par personne :
250 calories/1045 K joules

VINS

ROSE
Côtes de Provence, Lirac, Tavel, Chusclan
De 1 à 2 ans / servir à 8-9°

CHOU FARCI AU JAMBON

Détachez toutes les feuilles du chou sauf celles du cœur trop petites (elles seront délicieuses en salade). Lavez-les et égouttez-les un peu. Mettez-les dans une cocotte, un saladier ou une jatte en verre. Couvrez-les (couvercle, assiette ou film) et faites cuire 6 mn à th. 7.

- Pendant cette cuisson, écrasez l'ail et hachez-le menu ainsi que les oignons et l'échalote.
- Déposez la mie de pain dans un bol, arrosez-la de crème fleurette (ou à défaut de lait).
- Passez au mixeur le lard fumé découenné et le talon de jambon.
- Le chou doit être maintenant cuit "al dente". Laissez-le reposer 1 mn après la sonnerie.
- Mélangez l'œuf avec la mie de pain et la crème. Ajoutez le hachis de jambon et de lard. Salez (peu à cause du lard), poivrez généreusement et râpez un peu de noix de muscade au-dessus de la jatte. Mélangez bien et laissez en attente, les saveurs vont se développer et se mélanger.
- Passez un pinceau de cuisine trempé dans le beurre mou sur le fond d'une assiette creuse ou d'un couvercle en verre Pyrex.
- Eparpillez dessus le hachis d'oignon, d'échalote et d'ail. Faites cuire, sans couvrir 2 mn à th. 6, juste pour que le hachis devienne tendre et transparent. Laissez reposer 2 mn.
- Egouttez les feuilles de chou (qui auront rendu de l'eau), étalez-les sur un plan de travail en les groupant par 2 grandes et 2 moyennes, de façon à obtenir une "enveloppe" assez grande.
- Coupez les 2 tranches de jambon par la moitié et déposez au centre de chaque "enveloppe".
- Mélangez le hachis cuit au contenu de la jatte et goûtez pour rectifier l'assaisonnement à votre goût.
- Etalez de la farce sur chaque "enveloppe", recouvrez-la de 2 feuilles moyennes. Tartinez encore d'un peu de farce, posez une petite feuille dessus et au centre et reposez les feuilles pour bien enfermer la farce. Ficelez ou passez en croix 2 élastiques-cuisson.
- Déposez les 4 paquets dans un plat rond en laissant un espace entre chaque.
- Versez 1 cuillère à soupe d'eau ou de bouillon (concentré dilué).
- Enveloppez d'une feuille de film.
- Enfournez à th. 6 pour 5 mn. Au bout de ce temps, piquez le film de 2 ou 3 coups d'épingle et laissez encore cuire 7 mn à th. 7.
- Laissez reposer 8 mn avant de servir dans le plat avec la petite sauce échappée des paquets de chou et liée, si vous le désirez, d'une cuillère de crème légère.

GATEAUX D'ASPERGES

Epluchez les asperges choisies petites et taillez-les en petits pois. Il en restera environ 250 g.

- Versez les "petits pois" d'asperges dans une petite cocotte avec 1 verre d'eau, couvrez et faites cuire 8 mn à th. 9. Laissez reposer 5 mn. Faites égoutter soigneusement.
- Passez-les au mixeur avec le beurre, le lait, les œufs et l'assaisonnement.
- Passez ou non au chinois (avec le chinois, vous aurez un flan lisse, sinon vous aurez un peu de matière, ce qui n'est pas désagréable sauf si les asperges étaient dures ou sèches).
- Avec le reste de beurre, graissez les 4 ramequins. Remplissez-les de la préparation et faites cuire 30 mn à th. 1.
- Laissez reposer 12 mn avant de servir.

COURGETTES GLACEES

Coupez le pédoncule des courgettes, lavez-les (si elles sont tendres, laissez la peau), retirez une lanière de peau sur trois et découpez les légumes en rondelles d'1 cm d'épaisseur.

• Disposez un "lit" d'oignons et d'ail hachés très fin dans le fond du plat huilé. Couvrez de film et faites fondre 1 mn 30 à pleine puissance.

• Ajoutez alors les herbes de Provence, remuez et refaites une couche uniforme. Versez 1 c à soupe de jus de citron et couvrez. Remettez pour 30 secondes à th. 7.

• Rangez les rondelles de courgettes en une couche régulière et disposez le reste des rondelles en alternant : une rondelle sur l'intervalle laissé entre 3 ou 4 rondelles (ainsi, la cuisson sera régulière).

• Arrosez de miel, du jus de citron, parsemez de flocons de beurre, poivrez et salez peu. Couvrez de film et laissez cuire 8 mn à pleine puissance et 2 mn à th. 7.

• Laissez reposer, sans découvrir, jusqu'au tiédissement.

• Servez en entrée (froid*, c'est délicieux) avec un coulis de tomates, comme sur la photo, ou chaud, en accompagnement d'un poisson ou d'une volaille cuits au naturel. L'aigre-doux relèvera le goût simple du plat.

* On entend par "glacé", la brillance que donne, en cuisant, la matière grasse melée au sucre.

Pour 4 personnes
Préparation : 6 mn - Cuisson : 12 mn

Ingrédients :
• 8 courgettes assez petites
• 1 citron
• 1 oignon moyen, 1 gousse d'ail
• 1 c à café de miel liquide
ou de cassonade
• 30 g de beurre demi-sel
• 1 c à soupe d'huile d'arachide
• 1 c à soupe d'herbes de Provence
• sel, poivre blanc moulu

Matériel :
• 1 grand plat creux rond
• du film étirable

Par personne :
170 calories/7110 K joules

VINS

ROSE
Bourgogne de Marsannay, Côtes de Provence,
Côtes du Roussillon, Costières du Gard
De 1 à 2 ans / servir à 8-9°

FRICASSEE DE CHAMPIGNONS

Otez la partie terreuse du pied des champignons, rincez-les, essuyez-les et partagez les plus gros en deux.

• Mettez le beurre et l'huile à chauffer dans la cocotte pendant 1 mn à pleine puissance.

• Jetez-y les champignons avec la gousse d'ail dans sa peau, entière mais écrasée et le jus de citron. Couvrez et faites cuire 7 mn à th. 9.

• Assaisonnez en fin de cuisson (retirez ou non l'ail ; si vous le laissez, faites sortir la chair fondant que vous mêlez aux champignons). Arrosez de crème fraîche et servez aussitôt avec une volaille, du veau ou du porc.

• Prenez la précaution de tenir compte de la fragilité de la chair des champignons pour leur "entrée en cuisson".

Pour 4 personnes
Préparation : 10 mn
Cuisson : 8 mn

Ingrédients :
• 500 g de champignons divers :
pleurotes, champignons de Paris,
girolles, craterelles etc...
• 1 c à soupe de beurre
• 1 c à café d'huile d'olive
• 1 gousse d'ail
• 10 cl de crème fraîche
• 1 c à soupe de jus de citron
• sel, poivre, quatre-épices

Matériel :
• 1 cocotte et son couvercle

Par personne :
155 calories/648 K joules

VINS

ROUGE
Beaujolais-Villages, St. Amour, Chenas, Touraine
De 2 à 3 ans / servir à 11°

PATES AUX LEGUMES

Pour 4 personnes
Préparation : 5 mn - Cuisson : 17 mn

Ingrédients :
- 250 g de macaroni
- 1 courgette moyenne
- 2 tomates, 1 carotte
- 3 champignons de Paris
- 2 oignons
- 10 olives noires
- 3 tiges de ciboule
- 1 branche de sarriette
- 1 c à soupe d'huile d'olive
- 1 noix de beurre
- 1 citron non traité
- sel et poivre moulu

Matériel :
- 1 grande cocotte et son couvercle
- 1 plat à brunir

Par personne :
337 calories/1411 K joules

VINS

BLANC
Hermitage, Châteauneuf du Pape,
Côtes de Provence
De 2 ans / servir à 9-10°

Epluchez les légumes (laissez une lanière de peau verte sur deux à la courgette), taillez-les en fine -et longue- julienne. Tronçonnez la ciboule, émincez les champignons et les oignons. Pelez et coupez en quatre les tomates. Tous les légumes sont prêts pour la cuisson.
- Préchauffez le plat à brunir pendant 5 mn à toute puissance. Versez l'huile et mettez à rissoler dans l'ordre : les oignons, la carotte puis 1 mn après, la courgette, les champignons, la ciboule, la tomate. Couvrez et, à th. 7, laissez s'attendrir 4 mn.
- Prélevez le zeste de citron, taillez-le en fine julienne et réservez-le.
- Dénoyautez les olives et coupez-les en quatre. Ajoutez-les aux légumes en fin de cuisson et laissez reposer 5 mn.
- Versez dans la grande cocotte 1 l 1/2 d'eau bouillante et 1 filet d'huile. Jetez les pâtes dedans avec les zestes de citron et la branche de sarriette. Couvrez et laissez cuire 6 mn à pleine puissance. Laissez ensuite reposer 4 mn.
- Egouttez avec soin et remettez dans la cocotte le beurre et tous les légumes. Mélangez et laissez encore gonfler 2 mn bien couvert à th. réchauffage.
- Servez aussitôt avec des saucisses, des œufs pochés ou des fruits de mer juste ouverts dans leur jus (voir chapitre "Poissons").

PUREE DE LEGUMES POUR BEBE

Pour 1 enfant de 6 à 9 mois
Préparation : 6 mn - Cuisson : 28 mn

Ingrédients :
- 1 petite carotte
- 1 grosse pomme de terre
- 75 g de haricots verts
- 15 cl de lait bouilli chaud
- 1 pincée de sel
- 1 grosse "perle" de beurre
- 1 branche de persil ciselé

Matériel :
- 2 petites cocottes et leur couvercle
- 1 mixeur

Par personne :
315 calories/1316 K joules

Brossez bien la carotte, séchez-la et coupez-la en très petits dés. Epluchez la pomme de terre et coupez-la en très petits dés. Mettez ces légumes dans la cocotte avec 1 verre d'eau, couvrez et faites cuire 15 mn à toute puissance (les légumes pour les jeunes estomacs doivent être bien cuits). Laissez reposer 5 mn.
- Epluchez, pendant ce temps, lavez les haricots verts et tronçonnez-les finement. Lavez-les encore et faites-les cuire, couverts avec 1/2 verre d'eau pendant 12 mn.
- Pendant cette cuisson, égouttez les légumes et mixez-les avec très peu de sel et le lait chaud. Remettez les dans la cocotte, couvrez.
- Retirez les haricots verts, laissez-les reposer 3 mn.
- Repassez la cocotte à th. 9 pendant 1 mn pour réchauffer la purée.
- Egouttez les haricots verts et parsemez-en la purée rose. Disposez les éclats de beurre dessus.

* L'enfant appréciera les jolies couleurs du plat et la carotte, pas toujours aimée, "passera" fort bien.

Pour 4 personnes
Préparation : 10 mn - Cuisson : 25 mn
Ingrédients :
• 750 g de grosses pommes de terre
• 1 oignon moyen, 1 gousse d'ail
• 150 g de lard fumé
• 1 c à soupe de saindoux
• 1 bouquet garni
• 40 cl de bouillon de volaille (voir chapitre "Préparations de base")
• 2 branches de persil
• sel et poivre blanc moulu.
Matériel :
• 1 cocotte à brunir et son couvercle

Par personne :
432 calories/1808 K joules

VINS

ROUGE
Chinon, Bourgueil, St. Nicolas de Bourgueil
De 2 à 3 ans / servir à 12°

Pour 4 personnes
Préparation : 10 mn - Cuisson : 9 mn 30
Ingrédients :
• 500 g de pleurotes
• 10 cl de crème fraîche
• le jus d'1 citron non traité
• 1 verre de vin blanc sec
• 1 c à soupe de beurre demi-sel
• 1 pincée d'origan séché
• 1 jaune d'œuf
• sel et poivre blanc fraîchement moulu
Matériel :
• 1 cocotte et son couvercle

Par personne :
202 calories/846 K joules

VINS

BLANC
Chablis, Corton-Charlemagne, Pouilly-Fuissé
De 2 à 3 ans / servir à 9-10°

Pour 4 personnes
Préparation : 2 mn - Cuisson : 11 mn,
Ingrédients :
• 250 g de macaroni
• 1 c à café d'huile d'olive
• 1 branche de thym
• 2 "poignées" de coquillages nature
• 100 g de crevettes décortiquées ou 8 bouquets
• 1 c à soupe de coulis de tomates et 2 c à soupe de poivrons à l'huile (voir chapitre "Préparations de base")
• 12 olives noires dénoyautées
• 1 bouquet de persil simple
Matériel :
• 1 grande cocotte,
1 couvercle à sa taille ou du film étirable
• 1 petite jatte   • 1 passoire

Par personne :
300 calories/1254 K joules

VINS

BLANC ou ROSE
Côtes de Provence, Côtes du Rhône
De 1 à 2 ans / servir à 8°

Pommes de terre paysannes

Epluchez les pommes de terre et l'oignon. Emincez finement le tout. Ecrasez l'ail sans l'éplucher. Taillez le lard en très fins bâtonnets.
• Faites chauffer la cocotte. Ajoutez le saindoux. Laissez fondre 2mn à th. 7. Répartissez les bâtonnets de lard et faites les blondir 5 mn à th. 8.
• Ajoutez l'oignon, cuisez 1 mn. Ajoutez les pommes de terre, remuez et faites cuire, sans couvrir 3 mn. Puis versez le bouillon chaud, l'ail, le bouquet garni. Couvrez et faites cuire 10 mn à th. 9.
• Remuez, recouvrez et cuisez encore 4 mn. Salez et poivrez.
• Laissez reposer 5 mn. Pendant ce temps, ciselez le persil. Parsemez-en les pommes de terre au moment de servir. Retirez le bouquet garni et la peau de l'ail.

* Offrez en même temps un bol de fromage blanc bien froid. Le contraste est délicieux.

Pleurotes a la creme

Nettoyez les champignons (les pleurotes ne se lavent pas, contentez-vous de les essuyer avec un linge humide). S'ils sont trop gros, coupez-les en 2 ou 3.
• Faites fondre le beurre dans la cocotte 1 mn à th. 7. Ajoutez les champignons et laissez cuire 1 mn à th. 9.
• Remuez et ajoutez le jus de citron, le vin blanc, la pincée d'origan. Couvrez et laissez cuire 5 mn.
• Ajoutez la crème, remuez, poivrez et sans couvrir faites cuire 2mn. Laissez reposer 3 mn.
• Prélevez un peu de jus et mettez le jaune avec le sel dans un bol et, en battant, versez-le sur le jaune d'œuf. Versez sur les champignons et remettez dans le four à micro-ondes à th. 4 pour 30 secondes.

* Servez en accompagnement de poisson poché ou de volaille.

Macaroni a la macha

Portez 1 l 1/2 d'eau à ébullition et versez-le dans la cocotte avec l'huile d'olive. Faites repartir à pleine puissance, dans le four à micro-ondes Toshiba, puis jetez les pâtes dans l'eau bouillante.
• Couvrez de film ou du couvercle. Laissez cuire 6 mn à pleine puissance puis laissez reposer couvert environ 5 mn.
• Pendant ce temps, ciselez le persil. Réchauffez le coulis de tomate avec les dés de poivron dans la jatte, sous couvercle pendant 5 mn à th. 6. Ajoutez les fruits de mer, recouvrez et laissez reposer le temps d'égoutter les macaroni.
• Mélangez le tout, saupoudrez de persil et servez avec les olives en décoration et, à part, le parmesan râpé.

Macaroni à la macha

SAUCE HOLLANDAISE

Faites ramollir le beurre s'il est trop dur pendant 1 mn dans une jatte et à pleine puissance (fractionnez le beurre en une quinzaine de morceaux).
• Dans un bol, fouettez les jaunes avec un peu de sel fondu dans l'eau. Ajoutez la valeur d'une cuillère de jus de citron (pas trop froid).
• Versez, en battant, dans le beurre mou et, s'il le faut, pour raffermir, ajoutez un filet de jus de citron. Poivrez et battez encore.
• Enfournez 30 secondes à th. 9. Sortez la sauce, salez à votre goût en fouettant encore.
• Servez avec un poisson poché ou un crustacé.

* Si vous n'utilisez pas toute la sauce hollandaise, elle se réchauffera sans problème.

** Vous pouvez lui ajoutez, mais cela deviendra une sauce fantaisiste, du corail de crustacés, des œufs de poisson, des herbes, des épices. Ou, en place d'eau, utilisez de la nage de poisson : c'est un raffinement très apprécié.

Pour 4 personnes
Préparation : 2 mn - Cuisson : 1 mn 30

Ingrédients :
• 200 g de beurre d'Echiré mou
• 2 jaunes d'œufs
• 1 c à soupe de jus de citron tiède
• sel, poivre blanc du moulin

Matériel :
• 1 jatte, 1 bol
• 1 fouet

Par personne :
392 calories/1640 K joules

VINS

BLANC
Muscadet, Sancerre, Vouvray, Entre-Deux-Mers, Graves, Jurançon
De 1 à 3 ans / servir à 8-9°

SAUCE AU THYM POUR LE POISSON
Michel TRAMA

Ciselez l'ail, hachez l'échalote. Epluchez et taillez en "diamants" (minuscules dés) le poivron et la tomate.
• Effeuillez le persil, l'estragon et le thym. Hachez les deux premiers et réservez-les. Hachez aussi le laurier frais.
• Dans un bol, mélangez l'huile et les échalotes. Enfournez à th. 9 pour 20 secondes. Mélangez et ajoutez l'ail. Enfournez pour 40 secondes à th. 9.
• Mélangez, toujours dans le bol, avec les diamants de tomate et de poivron. Couvrez et enfournez pour 40 secondes à th. 9.
• Faites fondre le quart de cube dans 10 cl d'eau bouillante. Ajoutez au bol le concentré de volaille obtenu, ainsi que le thym effeuillé et le laurier. Couvrez et cuisez 1 mn 30 à th. 9.
• Incorporez le beurre en fouettant. Recouvrez et, de nouveau, enfournez pour 1 mn à th. 9. Laissez ensuite reposer 2 mn.
• Ce sera le moment de saler et d'ajouter les herbes hachées : persil et estragon.

* Cette sauce chaude sera délicieuse en accompagnement de poissons.

Pour 4 personnes
Préparation : 10 à 15 mn
Cuisson : 4 mn 10

Ingrédients :
• 1 c à soupe d'huile d'olive
• 1 belle échalote, 1 gousse d'ail
• 1 grosse tomate mûre
• 1 poivron rouge
• 1/4 de cube de bouillon de volaille
• 2 branches de thym frais, 2 de persil, 1 d'estragon
• 2 feuilles de laurier frais
• 100 g de beurre
• gros sel et poivre moulu

Matériel :
• 1 bol ou 1 petite cocotte en verre et son couvercle
• 1 fouet

Par personne :
245 calories/1024 K joules

VINS

BLANC
Sancerre, Condrieu, Hermitage, Côtes de Provence, St. Péray, St. Joseph
De 2 à 3 ans / servir à 8-9°

Beurre blanc

Tenez le beurre à température ambiante et divisez-le en petits cubes. Préparez un récipient d'eau bouillante.
• Hachez très finement les échalotes grises après avoir retiré la base dure et la première couche de chair moins fine que le reste.
• Mettez les échalotes avec le vin blanc et le vinaigre dans la jatte et faites réduire le liquide jusqu'à totale évaporation à th.9 pendant 3 mn 30 dans le four à micro-ondes Toshiba.
• Sortez la jatte, déposez-la dans le récipient d'eau qui servira de bain marie. En fouettant et en 3 fois, incorporez les morceaux de beurre. Remettez dans le four à micro-ondes à th. 5 pendant 2 mn.
• Sortez la jatte, déposez-la dans le bain marie tenu chaud et fouettez. Remettez dans le four à micro-ondes pour 30 secondes à th. 6.
• Poivrez et salez, servez immédiatement.

* Peut se réchauffer (après avoir été battu pendant 10 secondes).

** Accompagnera surtout les poissons blancs pochés, déjà indiqués mais aussi la lotte, la raie, le saint-pierre et même la morue.

Pour un plat de 6 personnes ou pour un poisson saumon, sandre ou brochet de 1 kg 750 non paré
Préparation : 8 mn - Cuisson : 6 mn

Ingrédients :
• 4 échalotes grises (150 g environ)
• 10 cl de vin blanc sec (Muscadet de préférence)
• 25 cl de vinaigre de vin blanc ou de cidre
• 200 à 250 g de beurre d'Echiré
• sel et poivre blanc du moulin

Matériel :
• 1 jatte moyenne
• 1 fouet

Par personne :
316 à 375 calories/1323 à 1567 K joules

VINS

BLANC
Vouvray, Montlouis, Sancerre, Sauvignon, Pouilly-Fumé
De 1 à 2 ans / servir à 8-9°

Sauce bearnaise

Mettez le beurre dans une coupelle et faites le fondre à th. 6 pendant 1 mn (il ne doit pas tourner en huile).
• Hachez très fin les échalotes. Mettez-les dans la jatte avec le vinaigre et faites réduire 2 mn 30 à th. 9.
• Dans un bol, battez juste pour les mélanger les œufs aux échalotes. Ajoutez alors le beurre peu à peu en fouettant. Remettez dans le four à micro-ondes à th. 9 pour quelques secondes.
• Sortez encore la jatte. Fouettez, ajoutez l'estragon. Mélangez et remettez au four pour 10 secondes.
• Servez aussitôt avec viande ou poisson.

* Si par malchance la sauce avait trop cuit, rajoutez-lui, en fouettant très fort et juste 2 mn, 2 cuillères d'eau glacée. Elle sera alors servie tiède, sa température idéale.

Pour 4 personnes
Préparation : 8 mn - Cuisson : 4 mn 10

Ingrédients :
• 3 échalotes grises (100 g environ)
• 15 cl de vinaigre de vin rouge
• 125 g de beurre ramolli
• 2 ou 3 jaunes d'œufs, selon leur grosseur
• 1 c à soupe d'estragon frais ciselé ou 1 c à café rase d'estragon séché
• sel et poivre noir moulu frais

Matériel :
• 1 jatte, 1 coupelle, 1 bol
• 1 fouet

Par personne :
315 calories/1316 K joules

VINS

BLANC
Jurançon, Graves de 1 à 2 ans / servir à 9°
ROUGE
Béarn, Graves de 3 à 4 ans / servir à 13-14°

Pour 4 personnes
Préparation : 3 mn - Cuisson : 3 mn 30

Ingrédients :
• 3 c à soupe de beurre
• 2 c à soupe de farine
• 25 cl de crème fleurette ou de lait bouilli
• 20 cl de bouillon de poulet
• sel, poivre blanc, muscade

Matériel :
• 1 grand bol, 1 fouet

Par personne :
315 calories/1316 K joules

VINS

BLANC
Mâcon-Villages, St. Romain, Mercurey
De 2 ans / servir à 9°
ROUGE
Gamay, Touraine, Gaillac, Beaujolais
De 1 à 2 ans / servir à 10-11°

Ingrédients :
• 50 cl de Sauce Béchamel
• 12 cl de crème fraîche épaisse
• 2 jaunes d'œufs
• 70 g de comté rapé
• 1 pincée de cumin en poudre (facultatif)

Matériel :
• 1 grand bol, 1 fouet

Par personne :
490 calories/2048 K joules

VINS

BLANC
Riesling, Tokay, Coteaux Champenois
De 2 à 3 ans / servir à 9-10°
ROUGE
Arbois, Côtes du Jura, Pinot Noir
De 2 à 3 ans / servir à 13°

Ingrédients :
• 50 cl de Sauce Béchamel
• 2 oignons moyens
• 1 c à soupe de beurre demi-sel
• du poivre blanc moulu gros

Matériel :
• 1 plat à brunir, le bol de la sauce,
1 fouet

Par personne :
370 calories/1546 K joules

VINS

Voir sauce Béchamel ou Mornay

SAUCE BECHAMEL

Mettez le beurre dans un bol ou une petite jatte. Faites-le fondre 30 secondes à pleine puissance.
• Sortez le bol, ajoutez la farine et mélangez bien pour avoir une pâte lisse. Ajoutez la crème puis le bouillon de poulet et fouettez le tout.
• Mettez dans le four à micro-ondes 2 mn à pleine puissance, sans couvrir.
• Sortez le bol, fouettez. Remettez à cuire 2 mn puis reprenez le bol pour fouetter encore vivement. Salez, poivrez, ajoutez la muscade. Remettez au four pour 1 mn.
• Vous avez obtenu une sauce crémeuse, légère qui sera le point de départ de bien des variations : mornay, soubise etc... et la base des soufflés et pains de poisson ou de viande.

SAUCE MORNAY RICHE

Battez ensemble la crème et les jaunes d'œufs. Ajoutez un peu de Sauce Béchamel chaude au mélange, battez puis reversez ce nouveau mélange dans la Béchamel. Remettez dans le four à micro-ondes pour 1 mn.
• Sortez le bol, remuez, ajoutez le fromage en battant et remettez dans le four à micro-ondes pour 30 secondes.

SAUCE SOUBISE

Une Béchamel à laquelle on incorpore des oignons.

Hachez très finement les oignons.
• Faites fondre le beurre dans le plat pendant 30 secondes à th. 9. Mettez-y les oignons à blondir. Remuez puis laissez reposer 1 mn.
• Préparez la Béchamel et incorporez les oignons cuits à la sauce, remuez, remettez au four pour 1 mn de réchauffage à pleine puissance. Poivrez bien.
• Servez aussitôt.

* Cette sauce se conservera très bien au congélateur. Il suffira de lui ajouter l'ingrédient souhaité : coulis de tomates, lard ou bacon ou encore jambon, oseille ou moutarde.

ROUILLE POUR LE POISSON FROID

Pour 250 g environ de sauce
Préparation : 15 mn - Cuisson : 6 mn

Ingrédients :
• 2 jaunes d'œufs crus
• 2 petits piments z'oiseaux en poudre
• 5 gousses d'ail
• 1 "œuf" de mie de pain
• 2 c à soupe de nage de poisson
(voir chapitre "Préparations de base")
• 3 lanières de poivron rouge
(voir chapitre "Préparations de base")
• 1 pincée de safran (facultatif)
• 3 branches de basilic à grosses feuilles
• 25 cl environ d'huile d'olive
• sel et poivre du moulin

Matériel :
• 1 cocotte et son couvercle
• 3 bols
• 1 mixeur ou 1 fouet

Par personne :
2368 calories/9864 K joules

VINS

ROUGE
Bandol, Côtes de Provence, Côtes du Rhône, Fitou,
Collioure, Côtes du Roussillon
De 2 à 4 ans / servir à 14-15°

Si vous n'avez pas de poivron préparé, voyez chapitre "Préparations de base" comment le cuire (5 à 6 mn) dans le four à micro-ondes dès le début de la préparation de cette sauce.

• Faites tremper le pain dans la nage tiède (réchauffée 1 mn à th. 7) mise dans un bol.

• Epluchez les gousses d'ail. Dégermez-les ou non comme vous préférez (avec le germe le goût de l'ail est plus fort). Mettez-les dans un bol.

• Egouttez le pain, essorez-le et versez le jus sur les gousses d'ail, poivrez, couvrez et faites cuire 6 mn à pleine puissance. Laissez reposer 2 mn.

• Détachez les plus jolies feuilles de basilic et réservez-les.

• Passez au mixeur le poivron, l'ail égoutté, ajoutez le sel et quelques tours de moulin à poivre, le pain, la poudre de z'oiseaux et tournez jusqu'à obtention d'un mélange épais.

• Ajoutez les jaunes, un par un, en mixant toujours.

• Montez ensuite la rouille, comme une mayonnaise, en versant l'huile en filet (environ 25 cl) jusqu'à ce que tout soit en "pommade".

• Ajoutez alors les feuilles de basilic, tournez quelques secondes pour les incorporer.

• Goûtez et rectifiez l'assaisonnement. Si la "pommade" vous parait trop épaisse, faites vite réchauffer 20 secondes à puissance maximum 1 cuillère à soupe de nage (à présent très aillée) et détendez-la avec plus ou moins de liquide tiède.

• Parsemez de jolies feuilles de basilic et offrez avec des rougets grillés, des poissons pochés mais aussi de simples pommes de terre ou du riz ou des pâtes.

COULIS DE TOMATE

Lavez les tomates, fendez-les en croix sur le dessus, côté pédoncule, et mettez-les en rond sur une assiette sans qu'elles se touchent. Couvrez et faites précuire 1 mn avec 1 c à soupe d'eau, ceci pour pouvoir les peler facilement.
- Rincez les à l'eau froide rapidement et laissez-les tiédir.
- Hachez l'oignon, l'ail, l'échalote. Mettez-les à cuire dans la cocotte avec l'huile pour 2 mn 30 de cuisson à pleine puissance, sous couvercle. Laissez reposer 3 mn.
- Coupez les tomates en 4 morceaux et éliminez les graines. Ajoutez les oignons avec le thym, le laurier, 1 c de persil haché et couvrez. Faites cuire 7 mn à th. 8.
- A mi-cuisson, salez et poivrez.
- A 1 mn de la fin de la cuisson, ajoutez le Tabasco ou le cayenne et 2 feuilles de basilic hachées. Remuez et recouvrez.
- Laissez ensuite reposer jusqu'à refroidissement total.

* Vous conservez, au frais, ce coulis tassé dans un bocal et recouvert d'un bon centimètre d'huile d'olive.

Pour 4 personnes
Préparation : 10 mn
Cuisson : 10 mn 30

Ingrédients :
- 500 g de tomates fraîches de Marmande
- 1 oignon, 1 gousse d'ail, 1 échalote rose
- 1 c à soupe d'huile d'olive
- 4 feuilles de basilic frais (facultatif)
- 1 branche de thym
- 1/2 feuille de laurier frais
- 1 bouquet de persil simple
- sel, poivre, cayenne ou Tabasco

Matériel :
- 1 cocotte Pyrex et son couvercle
- 1 assiette

Par personne :
65 calories/271 K joules

VINS

Le vin a du mal à s'harmoniser avec la tomate. Le coulis est la base de plusieurs sauces, donc entrera en petites quantités. Les sauces à base de tomates préfèrent le vin rouge corsé.

CRÈME FORESTIERE

Coupez en très fines lamelles les champignons frais. Déposez-les aussitôt dans la cocotte avec le jus de citron, le bouillon, le beurre et les lamelles de cèpe. Couvrez et cuisez 6 à 8 mn.
- Laissez reposer 3 mn, toujours couvert. Après ce temps vous retirerez les champignons avec l'écumoire. Ils feront en vinaigrette une délicieuse entrée.
- Assaisonnez le jus de cuisson. Faites-le réchauffer 1 mn à th. 7, couvercle posé.
- Ajoutez la crème en mélangeant bien, couvrez et faites cuire à pleine puissance 2 mn.
- Sortez la cocotte, ajoutez les herbes, recouvrez et laissez reposer 1 mn avant d'utiliser.

* Pour accompagner un poisson, le bouillon de volaille peut être remplacé par du fumet de poisson ou, de coquillages, ou, encore de crustacés.

Pour 4 personnes
Préparation : 8 mn
Cuisson : 10 à 11 mn

Ingrédients :
- 150 g de champignons de Paris
- 125 g de pleurotes
- 2 lamelles de cèpe séché
- le jus d'1/2 citron non traité
- 5 cl de bouillon de volaille*
- 1 c. à café de beurre
- 1 petit pot de 12 cl de crème fraîche
- sel, poivre, 1 pincée de muscade
- 1 c. à soupe d'herbes fraîches ciselées (persil et (ou) cerfeuil, fines herbes, estragon, etc...)

Matériel :
- 1 petite cocotte et son couvercle, 1 écumoire

Par personne :
125 calories/522 K joules

VINS

Base pour sauce poisson : le vin blanc dominera (Muscadet)
Base pour sauce volaille : le vin blanc charnu, fruité, généreux dominera (Meursault).

Bouillon de volaille

Aplatissez la carcasse avec un couperet ou un pilon. Mettez dans la cocotte l'os de veau, la carcasse, les abattis et mouillez avec 20 cl d'eau froide.
- Enfournez sans couvrir à th. 9 pour 10 mn. Une légère écume va se former que vous retirerez avec soin.
- Lorsque le liquide restera clair, ajoutez le bouquet garni, l'oignon clouté et l'écorce d'orange. Epluchez les poireaux, retirez le vert sombre et ficelez-le en botillon que vous ajoutez au bouillon avec un autre verrre d'eau bouillante. Couvrez et laissez cuire encore 5 mn.
- Epluchez les légumes, coupez-les en quatre, tronçonnez le céleri, après avoir retiré les fils. Ajoutez-les au bouillon avec 80 cl d'eau bouillante et le poivre enveloppé dans la mousseline nouée, cuisez pour 10 mn. Laissez reposer après avoir ajouté le gros sel.

*Cette préparation servira de base, une fois dégraissée et filtrée, ou de mouillement à bien des préparations. Elle se conservera quelques jours au réfrigérateur et 2 mois au congélateur.

**Pour 4 personnes et
pour 1 l 2,5 de bouillon
Préparation : 8 mn - Cuisson : 25 mn**

Ingrédients :
- 1 carcasse de poulet
- 500 g d'abattis (dinde ou poulet)
- 1 os de veau
- 2 poireaux moyens avec leur vert
- 2 carottes, 1 navet
- 1 branche de céleri
- 1 bouquet garni (thym, laurier, persil)
- 1 oignon piqué d'un clou de girofle
- 1 fragment d'écorce d'orange
- 1 c à café rase de gros sel gris
- 10 grains de poivre noir concassé

Matériel :
- 1 cocotte en verre et son couvercle
- 1 morceau de mousseline à beurre, de la ficelle de cuisine

Par personne :
315 calories/1316 K joules

VINS

Avec cette sauce, suivant les viandes, on choisira dans les gammes de blancs ou de rouges, des vins fruités et aromatiques.

Nage pour le poisson

Emincez finement carottes, oignon, échalotes, ail. Hachez les queues des champignons.
- Faites fondre le beurre dans une cocotte ronde. Faites-y suer les émincés sans couvrir, 1 mn à th. 9 puis les champignons pour 30 secondes.
- Ajoutez les arêtes et les têtes, remuez et laissez cuire 3 mn. Laissez reposer couvert 5 mn.
- Préparez le bouquet garni pendant ce repos et débouchez la bouteille. Concassez légèrement les graines (si vous voulez accentuer le "type" de nage, vous choisirez alors les grains d'anis, plutôt que de coriandre ou de moutarde).
- Déposez le bouquet et les graines dans la cocotte, mouillez de vin blanc et complétez avec le même volume d'eau froide. Ne salez pas. Enfournez à th. 9 pour 10 mn et 5 mn à th. 7. Couvrez et laissez tiédir.
- Passez au chinois et pressez les ingrédients avec une cuillère en bois pour en extraire les sucs. Ou mixez les éléments avec un peu de liquide et passez au chinois ensuite en "rinçant" peu à peu les éléments dans le chinois avec le reste de liquide (cette méthode, moins fine de résultat, est plus rapide).
- Réservez au frais jusqu'à l'emploi : mouillage de poissons pochés ou braisés, sauces, potages, veloutés, etc ...

*Cette nage se surgèle très bien par petits bocaux de 30/35 cl au moins, ou des récipients en plastiques, pratiques pour un emploi au-fur-et-à-mesure de l'utilisation.

**Pour 4 personnes et pour 1 l environ
Préparation : 10 mn - Cuisson : 20 mn**

Ingrédients :
- 1 kg de parures de poissons (arêtes et têtes), et par ordre de préférence :
sole, turbot, barbue, merlan, colin, dorade (les arêtes cassées en 3 pour plus de commodité)
- 2 carottes, 1 gros oignon
- 2 échalotes roses, 1 gousse d'ail (facultatif)
- quelques queues de champignons
- 1 bouquet garni avec céleri et queues de persil
- 1 c à café de graines diverses (poivre blanc concassé, coriandre, anis, moutarde, au choix)
- 50 cl de Muscadet
- 1 c à soupe de beurre

Matériel :
- 1 cocotte ronde et son couvercle
- 1 chinois
- 1 jatte, des petits bocaux ou des boîtes en plastique

Par personne :
397 calories/1661 K joules

VINS

Un vin blanc sec est de rigueur quand cette base assaisonnera du poisson.

Poivrons a l'huile

Pour 4 personnes
Préparation : 5 mn – Cuisson : 5 mn

Ingrédients :
• 1 livre de poivrons
• 2 c à soupe d'huile d'olive
• sel, poivre blanc du moulin

Matériel :
• 1 cocotte et son couvercle ou
1 plat creux ovale
• du film étirable

Par personne :
72 calories/303 K joules

VINS

Pour accompagner les entrées surtout,
on préfèrera des vins rouges solides,
charpentés : Médoc ou Minervois.

Retirez le pédoncule, les graines et les filaments blancs de l'intérieur des poivrons. Taillez-les en grosses lanières.
• Déposez-les dans la cocotte (ou alignés en 2 couches dans un plat creux), arrosez d'huile, poivrez et faites cuire à pleine puissance 3 mn.
• Salez ensuite avec une cuillère. Arrosez les poivrons d'huile, recouvrez et faites cuire 2 mn. Laissez reposer jusqu'à refroidissement complet.

* Rangés en bocal, bien tassés et recouverts d'huile d'olive à 2 cm au-dessus du niveau des légumes, ces délicieux poivrons seront toujours à votre disposition pour agrémenter une salade ou un plat.

** Vous pouvez parfumer l'huile avec piment, thym et laurier, zeste de citron. L'huile de macération, délicieuse, servira aux cuissons mais aussi en assaisonnement.

Fumet de gibier

Pour 60 cl de fumet
Préparation : 5 mn -
Cuisson : 35 à 40 mn

Ingrédients :
• 500 g d'os et de parures de gibier
• 2 carottes moyennes
• 1 oignon clouté de girofle
• 1 bottillon de vert de poireau ou
de queues de persil
• 1 bouquet garni
• 6 grains de genièvre
• sel (peu) et poivre concassé

Matériel :
• 1 plat creux à brunir,
1 cocotte et son couvercle

Pour 60 cl :
910 calories/3803 K joules

VINS

vins rouges corsés, généreux, fruités, charpentés
seront à prévoir : Gevrey-Chambertin,
Nuits St. Georges, St. Emilion, Pomerol,
Châteauneuf du Pape.

Mettez les os et les parures bien détachés les uns des autres dans le plat et, sans couvrir, faites les "colorer" ou, pour être plus exact, sécher et raidir 8 mn à pleine puissance.
• Déposez-les ensuite dans la cocotte avec l'oignon coupé en quatre (une des sections piquée de son clou de girofle), les carottes émincées, le bouquet, le bottillon de verdures, le sel, le poivre, le genièvre. Couvrez et faites cuire à th. 9 pendant 10 mn puis à th. 7 pendant 20 mn. Une écume va se former que vous éliminerez en filtrant.
• Laissez reposer 12 mn. Puis passez pour obtenir un fumet très clair que vous dégraisserez complètement une fois qu'il sera refroidi.

* Ce fumet, aromatisé de champignons, de Banyuls, de Madère, servira à "mouiller" les préparations de volailles que vous voulez personnaliser.

Pour environ 1 kg 500 de confiture
Préparation : 15 mn
(à commencer 2 h avant) -
Cuisson : 11 mn

Ingrédients :
• 1 kg de fruits divers :
abricots, quetches, pêches,
cerises (dénoyautées),
framboises, fraises (mûres sans excès),
groseilles, 2 oranges (non traitées)
• 750 g de sucre en poudre
• 1 gousse de vanille

Matériel :
• 1 cocotte ronde de 22 cm de diamètre
• 1 coupelle ou 1 petite cocotte

Pour 1,5 kg :
3400 calories/14 212 K joules

VINS

Difficile de donner des vins sur cette recette.
Tenter :
Muscat de Frontignan ou de Rivesaltes / servir à 8-9°

CONFITURE DE VIEUX GARÇON

Mettez tous les fruits dénoyautés dans la cocotte avec le sucre et laissez reposer 2 h.
• Equeutez les fraises lavées et égouttées. Egrappez les groseilles et réservez ces deux fruits avec les framboises.
• Pressez le jus d'une orange et pelez l'autre à vif puis coupez-la en fines rondelles.
• Blanchissez 1 mn la julienne de zestes d'orange dans de l'eau à peine puissance. Laissez reposer.
• Ajoutez les rondelles d'orange aux fruits de la cocotte, arrosez de jus d'orange, enfouissez le bâton de vanille, fendu au 3/4, dans les fruits. Mouillez avec 1 verre d'eau minérale (12 cl environ). Faites cuire 3 mn à pleine puissance.
• Egouttez les zestes pendant ce temps. Ajoutez-les à la confiture en cuisson. Remettez à cuire 5 mn.
• Ajoutez alors les fruits réservés : framboises, fraises et groseilles. Faites cuire 2 mn à pleine puissance.
• Laissez reposer 2 mn avant de verser dans des pots stérilisés et séchés. Couvrez de papier spécial-confiture.

* Cette confiture ne se conservera pas aussi longtemps qu'une confiture classique à cause de la différence de chair des différents fruits. Il s'agit en réalité d'une gourmandise à servir en dessert. Et tiédie, après la cuisson, cette "confiture" accompagnera une brioche ou une génoise simple (voir chapitre "Desserts").

** On l'appelle "confiture de vieux garçon" en souvenir de celle que se préparait, au siècle dernier, les célibataires gourmands avec les restes de leur compote et un grand bocal d'alcool.

*** N'oubliez pas de retirer le bâton de vanille au moment de verser la confiture dans les pots.

CLAFOUTIS LIMOUSIN

Pour 4 personnes
Préparation : 10 mn - Cuisson : 15 mn

Ingrédients :
• 400 g de petites cerises noires
• 4 œufs entiers
• 125 g de sucre en poudre
• 80 g de farine extra-fluide
• 1 c à moka de levure chimique
• 12 cl de lait bouilli tiède
• 1 c à soupe de beurre demi-sel

Matériel :
• 1 plat à tarte de 25 cm de diamètre

Par personne :
375 calories/1567 K joules

VINS

BLANC
Vouvray mœlleux
à partir de 4 à 5 ans / servir à 8-9°

Lavez, égouttez, séchez les cerises, retirez ensuite la queue mais ne les dénoyautez-pas.
• Cassez les œufs dans une jatte avec le sucre en poudre. Fouettez jusqu'à ce que le mélange soit bien homogène, mousseux et léger.
• Ajoutez la farine mélangée soigneusement avec la levure. Travaillez à la cuillère et, lorsque tout est bien homogénéisé, versez peu à peu le lait en tournant avec la cuillère. Laissez en attente.
• Beurrez le plat à tarte et répartissez les cerises sur le fond. Versez la pâte sur les fruits.
• Enfournez pour 9 mn sur th. 5 puis 6 mn à th. 9.
• Laissez reposer 5 mn puis arrosez de caramel liquide (voir chapitre "Préparations de base") que vous avez en réserve ou que vous préparerez pendant le repos.

* Prévenez vos convives que les cerises ont encore leur noyau.

CRÈME A LA PASSION – Michel TRAMA

Pour 4 personnes
Préparation : 10 mn - Cuisson : 44 mn

Ingrédients :
• 10 fruits de la passion
• 35 cl de lait bouilli refroidi
• 10 cl de crème double
• 1/2 gousse de vanille
• 70 g de sucre en poudre
• 5 jaunes d'œufs

Matériel :
• 4 ramequins de 12 cm ou
1 grand plat rond creux

Par personne :
372 calories/1557 K joules

VINS

BLANC
Jurançon mœlleux de 3 à 6 ans / servir à 8-9°

Coupez les fruits en deux au-dessous d'une jatte, et avec une petite cuillère, recueillez le jus et les graines.
• Séparez dans 2 bols les jaunes d'œufs et les blancs.
• Dans un grand saladier, mettez le lait froid, la crème, la vanille, les graines et le jus des fruits de la passion. Faites cuire, couvert, 4 mn à th. 9.
• Sortez ensuite le saladier. Prélevez 1 louche du mélange cuit et chaud et mélangez-le rapidement avec les jaunes en fouettant avec fermeté.
• Reversez dans le saladier. Mélangez et retirez la vanille.
• Remplissez les 4 ramequins et faites cuire, à th. 1, 40 mn.
Laissez reposer 12 mn.
• Servez tiède ou froid.

CRÈME DE CARAMEL AU MIEL ET A LA CASSONADE

Pour 4 personnes
Préparation : 8 mn - Cuisson : 5 mn 30

Ingrédients :
• 2 c à soupe de miel
• 1 c à soupe de beurre
• 3 c à soupe de cassonade
• 25 g de crème fleurette
• 1 c à soupe de Maïzena

Matériel :
• 1 petite cocotte ou 1 jatte
• du film étirable, 1 cuillère en bois
ou 1 petit fouet

Par personne :
152 calories/637 K joules

VINS

BLANC
Rivesaltes, Muscat de Rivesaltes
De 4 à 5 ans / servir à 8-9°

Mettez le miel avec le beurre et la cassonade dans le récipient. Mélangez à la cuillère, couvrez et faites cuire 1 mn 30 à th. 9.
• Sortez le récipient, découvrez-le et battez doucement le mélange. Recouvrez et remettez à cuire à th. 9 pendant 3 mn.
• Pendant ce temps, versez la Maïzena dans un bol et délayez-la avec le reste (10 cl) de lait.
• Sortez le récipient, prélevez une cuillère de la préparation au miel, remuez, ajoutez une seconde cuillère et mélangez encore. Puis versez, en tournant, dans le récipient de cuisson. Fouettez quelques secondes.
• Recouvrez et remettez dans le four à micro-ondes à th. 9 pour 45 secondes. Dès que le nouveau mélange va entrer en ébullition, sortez-le, fouettez-le vivement et laissez reposer jusqu'au moment de l'emploi. Il suffira de réchauffer la crème pour la faire fondre et en napper les gâteaux ou fruits.

POIRES AU COULIS DE CHOCOLAT OU AU CARAMEL – Michel TRAMA

Préparez le sirop de cuisson :
• Mélangez dans une petite cocotte le sucre, le jus d'1/2 citron et 16 cl d'eau froide. Couvrez et enfournez pour 3 mn 30 à th. 9.
• Epluchez les poires. Coupez-les en deux, évidez-les pour retirer les pépins et la partie dure (vous pouvez aussi les laisser entières: vous les mangerez alors en laissant le cœur dur). Citronnez-les et laissez-les en attente.
• Sortez le sirop bouillant et déposez-y les poires. Couvrez et remettez dans le four à micro-ondes pour 2 mn à th. 9. Sortez la cocotte, laissez reposer, couvert, 2 mn.
• Attendez le complet refroidissement, à température ambiante, pour mettre au réfrigérateur.
• Servez sur de jolies assiettes à desserts ou, si les poires sont entières, dans des coupelles nappées de coulis de chocolat ou de caramel liquide.

Pour 4 personnes
Préparation : 10 mn
Cuisson : 3 mn 30 pour le sirop,
2 mn pour les poires

Ingrédients :
• 4 belles poires mûres

Pour le sirop de cuisson :
• 100 g de sucre en poudre
• le jus d'1/2 citron

En accompagnement :
• 8 c à soupe de coulis de chocolat ou
8 c à soupe de caramel liquide
(voir chapitre "Préparations de base")

Matériel :
• 1 petite cocotte et son couvercle
ou du film étirable

Par personne chocolat :
420 calories/1755 K joules
caramel
320 calories/1337 K joules

VINS

Avec le chocolat :
Banyuls, Maury de 5 ans / servir à 8-9°
Avec le caramel :
Pineau des Charentes de 2 à 3 ans / servir à 8-9°

POIRES AU VIN ROUGE

Pelez les poires, coupez-les en deux dans la longueur, retirez le cœur dur et ses pépins. Disposez les moitiés de poires, côté coupé dessous, dans un plat creux. Saupoudrez-les du tiers de sucre et laissez macérer 1 h au frais.
• Versez dans la cocotte la cannelle et les clous de girofle écrasés, le reste de sucre, l'écorce d'orange et le vin. Ne couvrez pas et mettez dans le four, pour 5 mn, à pleine puissance. Laissez tiédir.
• Déposez les poires et leur jus dans la cocotte, la partie mince (queue) vers le centre et sans qu'elles se touchent. Couvrez et faites cuire 3 mn à pleine puissance. Vérifiez, après ce temps, la cuisson qui dépend de la grosseur et de la maturité des fruits et, si nécessaire, programmez de 1 mn en 1 mn supplémentaire. Laissez reposer jusqu'au tiédissement.
• Rangez les poires dans un joli plat.
• Faites réduire le sirop 4 à 5 mn sans le couvrir, à th. 9. Dès qu'il est bien sirupeux, passez au chinois au-dessus des poires. Laissez refroidir à température ambiante puis tenez au frais jusqu'au moment du repas.

Pour 4 personnes
Préparation : 6 mn,
à commencer 1 h avant
Cuisson : 12 à 13 mn

Ingrédients :
• 4 poires
• 30 cl de Cahors
• 75 g de sucre roux en poudre
• 1 fragment de bâton de cannelle
• 2 clous de girofle
• 1 morceau d'écorce d'orange
non traitée

Matériel :
• 1 cocotte et son couvercle
ou du film étirable

Par personne :
287 calories/1202 K joules

VINS

ROUGE
Avec le même vin qui a servi à la sauce
ou Vin de Paille du Jura

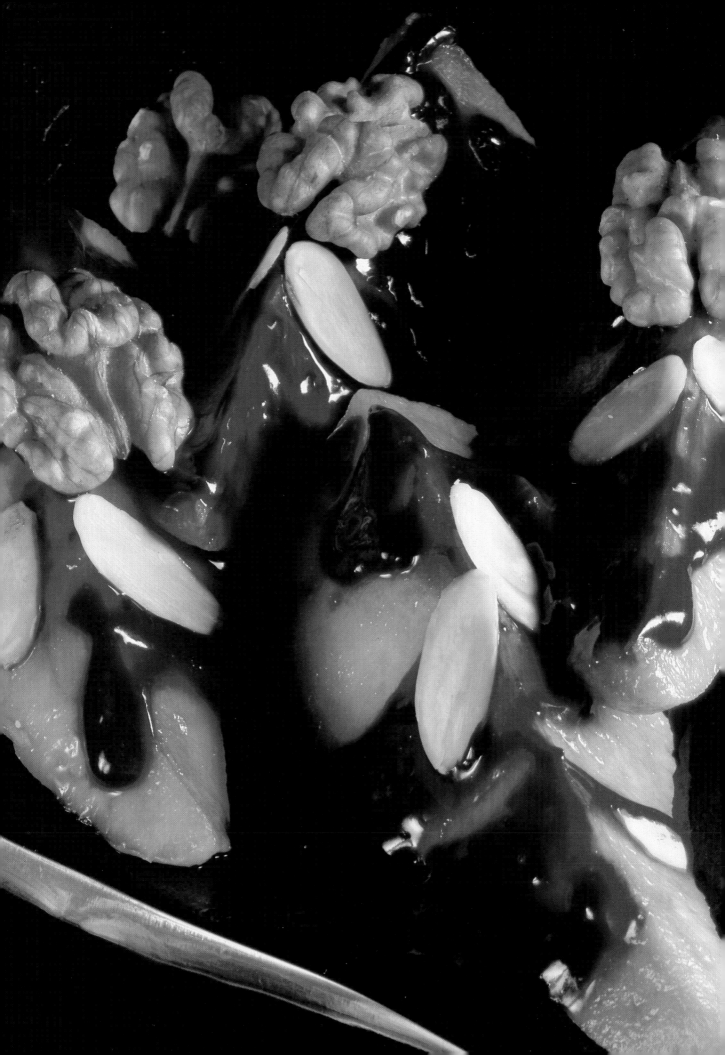

Pommes bonne femme

Mélangez le sucre, les amandes en poudre et les épices.
● Lavez les pommes (choisissez dans une variété ne se défaisant pas à la cuisson) et évidez-les avec un vide-pommes. Taillez un morceau dans la partie retirée pour boucher la base de chaque fruit.
● Mettez d'abord les raisins au fond de chaque creux (vous pouvez les ébouillanter puis les faire gonfler dans le Rhum 10 mn à l'avance) puis le quart du sucre mélangé, comblez avec le quart de beurre.
● Déposez les pommes en rond sans qu'elles se touchent. Arrosez-les de jus d'orange. Couvrez (film ou couvercle et enfournez pour 8 à 10 mn à pleine puissance.
● Laissez reposer 10 à 15 mn avant de servir.

* Le temps de cuisson varie beaucoup en fonction de la qualité et de la maturité des fruits. Surveillez à travers la vitre l'état des pommes qui doivent être très légèrement affaissées mais pas effondrées.

** Si vous devez cuire plus de 4 fruits, ne le faites que quatre par quatre, sinon la cuisson serait imparfaite.

Pour 4 personnes
Préparation : 7 mn
Cuisson : 8 mn à 10 mn

Ingrédients :
● 4 pommes Reine des reinettes
de même taille
● 4 c à soupe de sucre roux
● 2 c à soupe de beurre
● 100 g de raisins secs de Smyrne
● 1 c à soupe d'amandes en poudre
● 1 pincée de chaque épice suivante :
muscade, cardamome et cannelle
● 4 c à soupe de jus d'orange
● 1 c à soupe de Rhum

Matériel :
● 1 cocotte ronde et un couvercle
ou du film
● 1 plat creux

Par personne :
345 calories/1442 K joules

VINS

BLANC
Sauternes, Coteaux du Layon
De 5 à 8 ans / servir à 8-9°

Marmelade d'oranges

Brossez les fruits à l'eau courante, essuyez-les. Prélevez le zeste du citron et d'1 orange, avec le couteau économe pour n'entraîner que l'écorce. Coupez les zestes en lanières fines et blanchissez-les 1 mn à l'eau bouillante à th. 9. Egouttez.
● Taillez en fines rondelles le citron et l'orange zestés et pelés à vif (la peau blanche retirée). Taillez les 3 autres oranges en rondelles avec leur peau. Eliminez le maximum de pépins.
● Mettez les fruits dans une cocotte avec le sirop et les zestes égouttés et faites cuire 15 mn puis laisser tiédir avant de verser en pots.

* Gardez cette marmelade, qui n'est pas une confiture, au bas du réfrigérateur.

** Pour les grands gourmands : Retirez les fruits avec une écumoire. Arrosez-les d'un petit verre de Cognac ou d'Armagnac. Faites réduire le sirop à consistance très épaisse 3 mn. Reversez sur les fruits.

Pour 4 personnes
Préparation : 8 mn - Cuisson : 15 mn

Ingrédients :
● 4 grosses oranges non traitées
● 1 citron non traité
● 50 cl de sirop de canne
à sucre Canadou

Matériel :
● 1 grande cocotte
● 1 couteau économe

Par personne :
577 calories/2414 K joules

VINS

Difficile sur cette marmelade.
La meilleure union serait de l'Armagnac.
Un verre d'Armagnac ! Essayez-donc !

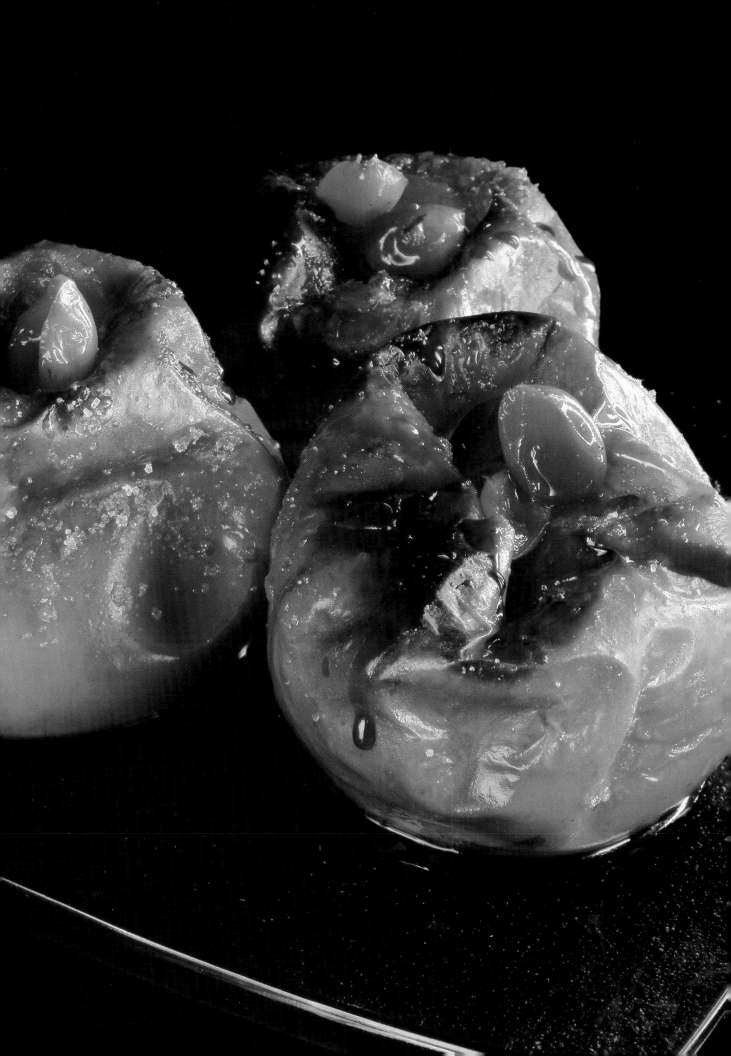

Genoise glacee a l'abricot

Pour 6 à 8 personnes
Préparation : 20 mn - Cuisson : 10 mn

Ingrédients :
• 75 g de sucre semoule
• 3 œufs entiers, soit 12 cl 5
• 75 g de farine tamisée
• 35 g de beurre + 15 g pour le moule
• 1 sachet de sucre vanillé
• 2 c à soupe de Cointreau
Glaçage : confiture d'abricots
Décor : julienne d'oranges ou d'agrumes

Matériel :
• 1 moule à génoise de 20 cm
de diamètre
• 2 jattes
• 1 fouet électrique, 1 pinceau de cuisine

Par personne :
300 calories/1254 K joules

VINS

BLANC
Ste. Croix du Mont, Barsac, Sauternes
De 3 à 10 ans / servir à 8-9°

Placez une des jattes dans un bain-marie d'eau bouillante pour que le mélange qui va s'y faire reste tiède : fouettez le sucre semoule avec les œufs entiers pendant 2 mn. Puis sortez la jatte de la chaleur et continuez à fouetter (au batteur électrique) à grande vitesse pendant 6 mn et à petite vitesse pendant 10 mn pour faire gonfler la masse de sucre et d'œufs qui doit former un "ruban" lorsque vous levez le fouet. Laissez en attente.

• Mélangez la farine et le sucre vanillé.

• Mettez le beurre (35 à 40 g) dans l'autre jatte et enfournez pour 1 mn à pleine puissance. Sortez-le et laissez en attente.

• Beurrez le moule à génoise avec un pinceau. Laissez-le au frais.

• Incorporez la farine vanillée au mélange œufs et sucre en soulevant délicatement. Puis verser, en travaillant avec une cuillère en bois, le beurre fondu et bien tiédi. Travaillez rapidement pour ne pas faire retomber la masse.

• Versez aussitôt dans le moule et mettez immédiaternent dans le four à micro-ondes Toshiba, à pleine puissance pour 8 mn, ou jusqu'à ce que la surface soit juste sèche. Laissez reposer jusqu'au tiédissement.

• Démoulez sur une clayette et ne découper la génoise que lorsqu'elle est bien froide.

Préparez le fourrage de votre choix : chocolat en mousse, crème au beurre et au café, fromage blanc et crème chantilly, mousse aux noix, etc... Pour notre photo, nous avons choisi un simple fourrage à la marmelade d'abricots entre deux couches de génoise imbibées de liqueur. Le glaçage du dessus est une coulée de marmelade passée qui emprisonne des rubans d'orange.

Voici comment procéder : Partagez le gâteau en deux (ou plus) dans l'épaisseur pour avoir deux (ou trois) disques. Imbibez chaque face coupée de liqueur. Laissez celle qui fera le dessus retournée afin que la liqueur descende bien.
Dans une jatte mettez deux grosses cuillères de marmelade, couvrez de film et enfournez à position réchauffage (th. 6) pour 1 mn. Surveillez la marmelade, elle doit être liquéfiée sans recuire. Versez-la sans attendre, à travers une passoire, dans une coupelle.
Tartinez la couche inférieure de marmelade non fondue (rajoutez même les morceaux d'abricots de la passoire). Posez dessus la partie supérieure, côté coupé sur la marmelade et versez aussitôt le glaçage sur le dessus décoré de rubans d'agrumes. Ne touchez pas au glaçage qui va s'étaler de lui-même, et sera très lisse. S'il en coule un peu sur les côtés, ce ne sera que plus joli. Lissez, dans ce cas, avec une spatule pour unifier. Servez très frais après 1 h de repos.

MOUSSE D'ABRICOTS AU LAIT D'AMANDES

Pour 4 personnes
Préparation : 10 mn - Cuisson : 7 mn 30

Ingrédients :
• 500 g d'abricots bien mûrs
• 2 feuilles de gélatine
• 100 g de sucre en poudre
• le jus d'1/2 citron
• 220 g de crème fraîche
• 35 cl de lait d'amandes
(en épicerie fine)

Matériel :
• 1 saladier en verre ou
en faïence non décorée,
4 ramequins de 10 à 12 cm de diamètre
• 1 fouet, 1 mixeur

Par personne :
475 calories/1985 K joules

VINS

BLANC
Liquoreux : Coteaux du Layon, Barsac, Sauternes
ou Rivesaltes,
Muscat de Rivesaltes / servir à 9°

Lavez, séchez et coupez en deux les abricots. Dénoyautez-les. Mettez la crème fraîche et 1 saladier au réfrigérateur.
• Faites tremper la gélatine dans un peu d'eau très froide.
• Mettez dans un saladier 20 cl d'eau, le sucre, le jus de citron. Mélangez et faites cuire 3 mn à th. 9. Sortez le récipient, fouettez le mélange et remettez dans le four à micro-ondes pour 1 mn 30 à th. 9. Vous obtenez un sirop.
• Sortez le saladier, ajoutez les abricots (recouvrez-les de sirop), couvrez et cuisez 3 mn à th. 9.
• Egouttez aussitôt les fruits, mixez-les 30 secondes pour les réduire en purée. Ajoutez la gélatine égouttée, mixez encore quelques secondes (la chaleur des fruits fera totalement fondre la gélatine) avec 5 cuillérées de sirop chaud.
• Versez dans une jatte et laissez refroidir à température ambiante.
• Lorsque la purée d'abricots est bien refroidie, fouettez ferme la crème fraîche, puis incorporez-la délicatement à la purée.
• Tassez cette mousse dans les ramequins et tenez au réfrigérateur pendant 3 h.
• Servez avec, en accompagnement, du lait d'amandes froid.

FLAN AUX PRUNEAUX – Michel TRAMA

Pour 4 personnes
Préparation : 10 mn
(à commencer la veille)
Cuisson : 44 mn 10

Ingrédients :
• 16 pruneaux d'Agen
• 8 cl d'Armagnac, 60 g de beurre

Pour la crème
• 2 œufs entiers plus 2 jaunes
• 10 cl de sirop, 20 cl de lait
• 50 g de sucre brun
• 1 c à moka de cannelle

Matériel :
• 4 ramequins de 12 cm de diamètre
ou 1 grand,
• 1 fouet, du film

Par personne :
500 calories/2090 K joules

VINS

ROUGE
Assez corsé : vin du Sud-Ouest
Cahors, Côtes de Fronton, Madiran
Côtes de Buzet, Côtes de Duras / servir à 13-14°

La veille, faites macérer les pruneaux dans l'Armagnac.
• Le lendemain, faites fondre 20 g de beurre 2 mn à th. 3 dans une coupelle couverte.
• Avec un pinceau, badigeonnez-en les ramequins et mettez-les au frais quelques minutes.
• Fouettez ensemble tous les ingrédients. Faites fondre le reste de beurre (40 g), à th. 3, 2 mn. Ajoutez-le en fouettant.
• Egouttez les pruneaux. Versez l'Armagnac de macération dans le mélange et fouettez encore quelques secondes.
• Disposez les pruneaux au fond de chaque ramequin. Coulez dessus la crème préparée.
• Faites cuire 40 mn à th. 1. Laissez reposer 12 mn.
• Servez tiède.

COULIS DE CHOCOLAT – Michel TRAMA

Pour 4 personnes
Préparation : 3 mn – Cuisson : 3 mn

Ingrédients :
• 175 g de chocolat noir
• 2 c à soupe de beurre
• 2 c à soupe de crème fleurette
• 1 c à soupe de Cointreau

Matériel :
• 1 jatte ou 1 petite cocotte
• du film étirable, 1 fouet

Par personne :
336 calories/1405 K joules

VINS

Tout dépend sur quel appareil il sera servi mais, en règle générale, préférer le Banyuls ou Banyuls Grand Cru, un vieux Rivesaltes, un Maury de 8-10 ans / servir à 9-10°

Cassez le chocolat en morceaux réguliers et mettez-le dans une jatte ou une petite cocotte. Versez la crème fleurette et la moitié du beurre. Couvrez de film et faites fondre à th. 6 pendant 3 mn.
• Retirez le récipient, découvrez-le et fouettez en ajoutant le reste de beurre puis, lorsque celui-ci est parfaitement homogénéisé, l'alcool de votre choix. Battez encore un peu pour bien répartir l'alcool dans le chocolat.

* Ce coulis vous servira à napper des fruits : poires au coulis de chocolat, une génoise ou une crème glacée.

** Dans le cas d'un nappage de fruits pochés (poires, pêches, brugnons etc...), vous pouvez supprimer le beurre et l'alcool et les remplacer par le sirop de pochage des fruits.

CARAMEL LIQUIDE – Michel TRAMA

Pour un dessert de 4 personnes
Préparation : 7 mn – Cuisson : 5 mn 30

Ingrédients :
• 175 g de sucre en poudre

Matériel :
• 1 grande jatte
• 1 fouet

Par personne :
169 calories/705 K joules

VINS

Tout dépend de la structure du support. Un fruit, une génoise... Ici aussi, préférer un vin liquoreux : Rasteau, Beaumes de Venise par exemple / servir à 9°

Versez le sucre dans la jatte avec 2 cuillères à soupe d'eau fraîche.
• Mettez dans le four à micro-ondes Toshiba, sans couvrir à th. 9 pour 5 mn 30.
• Pendant la post-cuisson (appelée aussi repos), de 3 mn, fouettez sans arrêt jusqu'à ce que vous ayez obtenu une belle couleur caramel.
• Déglacez ensuite en ajoutant 7 cuillères d'eau, d'un seul coup.

* Le caramel se conservera dans un bocal, à l'abri de l'humidité.

** Vous l'utiliserez pour les poires ou les pommes cuites, pour napper des crèmes ou des flans, pour sucrer du fromage blanc ou du riz cuit au lait.

CARAMELS POUR NAPPAGES

Pour 4 personnes
Préparation : 1 mn - Cuisson : 8 mn

Ingrédients :
• 150 g de sucre semoule
• 10 cl d'eau

Par personne :
145 calories/606 K joules

VINS

Voir exemple précédent pour caramel liquide.

Faites fondre le sucre dans l'eau fraîche, remuez pour bien homogénéiser et faites cuire 8 mn à pleine puissance en surveillant attentivement la couleur prise par le caramel. Lorsqu'il est d'un beau roux, sortez le récipient. Le caramel est prêt et va foncer un peu pendant sa post-cuisson ou repos.
• Il suffira de l'allonger avec 2 à 3 cuillères d'eau pour obtenir un sirop épais et nappant.

* Vous pouvez remplacer l'eau d'ajout (tout ou en partie) par du jus d'agrumes (oranges, pamplemousses, citrons verts) ou de fruits (poires, pêches, raisins etc...) pour avoir un caramel délicieux et surprenant.

** Caramel acidulé : Pour rallonger le caramel cuit, ajoutez-lui 2 cuillères d'eau et 1 de vinaigre de Xérès. Le résultat est d'une grande finesse.

*** Caramel de barman : Avec l'eau de rajout, versez une cuillère d'alcool de votre choix : Armagnac, Grand Marnier, Cointreau, Rhum ambré.

Mamma's Meat Balls (U.S.A.)
BOULETTES DE VIANDE DE LA MAMA

Pour 4 personnes
Préparation : 15 mn -
Cuisson : 12 mn 30

Ingrédients :
- 350 g de viande de bœuf haché
- 250 g de jambon cru maigre haché
- 1 tasse à thé de chapelure
- 10 cl de bouillon
- 1 c à café d'origan séché
- 1 c à café de romarin en poudre
- 1 c à soupe de persil haché
- 1 c à soupe d'oignons finement hachés
- 5 gousses d'ail écrasé puis haché
- 1 c à café de thym effeuillé
- 1 œuf (65 g)
- sel et poivre du moulin, pincée de muscade

Pour la sauce :
- 1 gros oignon, 1 gousse d'ail
- 1 livre de tomates
- 1 pincée de thym effeuillé
- 1 c à café de cassonnade
- sel et poivre
- 2 c à soupe d'huile d'arachide

Matériel :
- 1 plat à brunir, du film étirable
- 1 jatte

Par personne :
635 calories/2654 K joules

VINS

ROUGE
Haut-Médoc (Margaux, Pauillac, St. Julien)
De 3 à 4 ans / servir à 15-16°

Préparez d'abord les boulettes que vous laisserez reposer au frais pendant que vous cuirez la sauce.
- Mélangez dans une jatte le bouillon (concentré dilué dans de l'eau) avec le poivre et la chapelure. Ajoutez l'œuf, battre comme pour une omelette.
- Ajoutez alors tous les autres ingrédients en commençant par les deux viandes. Lorsqu'elles sont bien mêlées à l'œuf et à la chapelure, incorporez toutes les herbes et épices. Mélangez soigneusement et tassez le tout. Couvrez la jatte et laissez-la au frais.

Préparez la sauce :
- Epluchez les tomates, épépinez-les mais gardez le jus filtré. Epluchez et émincez l'oignon et l'ail.
- Chauffez le plat à brunir. Versez-y une cuillère d'huile et les émincés d'ail et d'oignons. Laissez fondre à th. 8 pendant 2 mn 30.

Préparez les boulettes :
- Mouillez vos mains et roulez-y au creux de la paume des boulettes (des balles) de la taille d'une grosse balle de ping-pong.
- Déposez-les au fur et à mesure dans un plat huilé. Couvrez-le d'un film percé au centre. Faites cuire les "balls" à th. 9 pendant 10 mn.

- Vous pouvez les servir simplement arrosées de sauce tomate accompagné de riz Uncle Ben's cuit au four.
Mais, pour raffiner, vous pouvez aussi poudrer les boulettes saucées de 3 c à soupe de parmesan râpé mêlé d'1 c à soupe de persil haché.
Remettez au four à pleine puissance th. 9 pour 2 mn ou si vous préférés, passez le plat sous le gril d'un four traditionnel pour faire gratiner.

Poulet a la Pacane
DE LOUISIANE (U.S.A)

Pour 4 personnes
Préparation : 10 mn - Cuisson : 18 mn

Ingrédients :
- 1 belle volaille bien tendre
- 6 tranches très fines de lard fumé
- 75 g de beurre ramolli
- 2 c à soupe de crème fraîche
- 1 orange non traité
- 1 gros oignon
- 12 noix de pacane et 50 g de pacane en poudre
- sel (très peu), poivre

Matériel :
- 1 plat creux rond, 1 jatte,
1 plat rond à la taille des morceaux de poulet,
du film étirable

Par personne :
925 calories/3866 K joules

VINS

BLANC
Chablis, Sauvignon
De 2 à 3 ans / servir à 9°
ROUGE
Cabernet-Sauvignon / Médoc vieux
De 8 à 10 ans / servir à 15°

Hachez très fin l'oignon. Faites le cuire dans un plat avec 25 g de beurre à th. 9 pendant 3 mn. Retirez et laissez reposer.
- Préparez la sauce pacane : prélevez le zeste de l'orange, lavez-le et taillez-le en fine julienne. Réservez, pressez l'orange.
- Mélangez le jus d'orange avec la crème fraîche, 25 g de beurre, puis avec le hachis d'oignon cuit, les pacanes en poudre, un peu de sel (attention au lard) et beaucoup de poivre. Réservez.
- Coupez le poulet en 8 morceaux, beurrez-les au pinceau, et disposez-les dans un plat rond ou carré, de la façon suivante : à l'extérieur les cuisses et les ailes, l'extrémité (plus fine) vers l'intérieur et au centre, les blancs de poitrine et les 2 morceaux de carcasse.
- Recouvrez de la moitié de la sauce le centre des morceaux. Posez dessus les tranches de lard et repliez-en les extrémités dessous. Parsemez de lanières d'orange. Couvrez et faites cuire à th. 9 pendant 10 mn.
- Retirez le couvercle. Répartissez le reste de sauce sur les morceaux et laissez cuire à th. 8 pendant 5 mn. Couvrez et laissez reposer 4 mn.
- Servez avec les pacanes réservées mises dans la sauce.

CRUSTACES A LA LOUISIANE

Pour 4 personnes
Préparation : 2 mn
Cuisson : 42 mn 40

Ingrédients :
• 250 g de crustacés
(la vraie recette de la Nouvelle-Orléans
se fait avec des crabes mous
que l'on peut remplacer par
de petites étrilles ou crabes verts)
• 100 g de tomates-cerises
jaunes ou rouges
• 1 boite de maïs au naturel
• 1 boite de haricots rouges (USA)
• 125 g de riz long Uncle Ben's
• 100 g de riz sauvage Uncle Ben's
• 1 bottillon de persil simple
• 2 c à soupe de beurre
• 2 c à soupe d'huile de maïs
• quelques gouttes de Tabasco
• sel, poivre noir moulu gros

Matériel :
• 2 grandes cocottes et leurs couvercles
• 1 jatte
• du film, 1 ouvre-boîte

Par personne :
525 calories/2194 K joules

VINS

BLANC
Chardonnay, Riesling de 2 à 3 ans...
/ servir à 8-9°

Faites bouillir environ 50 cl d'eau sur le feu habituel. Versez-le dans une cocotte avec sel et filet d'huile. Jetez le riz blanc dedans et couvrez. Faites cuire 16 mn et laissez reposer 10 mn.

• Pendant ce temps, vous avez fait bouillir de l'eau un peu salée (environ 40 cl). Versez-la, avec 1 filet d'huile dans la seconde cocotte, versez le riz sauvage et, dès que vous avez sorti la première du four à micro-ondes, couvrez, enfournez-y celle-ci pour 20 mn à pleine puissance (goûtez les grains, ils doivent être cuits sans être éclatés). Laissez reposer 12 à 15 mn.

• Avec l'eau du riz sauvage mêlée à celle du riz long, ébouillantez les crustacés mis dans une jatte, couvrez d'eau à ras, puis rejetez celle-ci sans égoutter les crustacés (des langoustines sur notre photo). Arrosez d'un filet d'huile et couvrez. Mettez dans le four à micro-ondes pour 2 mn à pleine puissance. Laissez reposer 1mn. Découvrez ensuite pour les faire tiédir un peu avant de les décortiquer.

• Pendant la cuisson des riz, vous avez eu le temps de couper en deux les tomates-cerises et de ciseler les herbes.

• Ouvrez la boite de haricots rouges (en épicerie exotique) et celle de maïs. Rincez ou non, selon la marque et les indications portées sur les boîtes. Faites réchauffer séparément le maïs 2 mn à th. 8 et les haricots 1 mn 30 à th. 8.

• Rassemblez, dans un grand et joli plat creux allant dans un four à micro-ondes les deux riz sans les mélanger, le maïs d'un côté, les haricots rouges de l'autre. Rangez harmonieusement dessus les crustacés. Faites avec les petites tomates deux cercles de couleur différente et parsemez le tout de persil ciselé. Couvrez et tenez au chaud.

• Mettez le beurre (30 g environ) avec le Tabasco dans une des jattes libres. Poivrez et salez très peu. Couvrez de film et faites fondre 40 secondes à th. 8.

• Lorsque le beurre est bien fondu, arrrosez-en régulièrement tous les ingrédients, couvrez le plat et passez-le au four pour un léger réchauffage (les crustacés réchaufferont plus vite puisqu'ils sont plus "en relief" mais leur cuisson était juste) de 30 secondes à pleine puissance. Vérifiez la température et ajoutez quelques secondes si cela est nécessaire. Servez aussitôt.

GRENOUILLES A LA MENTHE (G.B.)

Pour 4 personnes
Préparation : 6 mn
Cuisson : 11 mn 30

Ingrédients :
- 4 dz de grenouilles sur brochettes
- 1 verre de vinaigre de vin blanc
- 1 c à soupe d'huile et 1 de beurre
- 1 échalote rose moyenne
- 1 gousse d'ail
- 1 verre de vin blanc sec
- 1 verre de lait bouilli tiède
- 1 jaune d'œuf
- quelques sommités de menthe fraîche
- sel, poivre blanc moulu, quatre-épices

Matériel :
- 1 plat creux à brunir
- du film étirable
- 2 bols assez grands
- 1 fouet

Par personne :
257 calories/1076 K joules

VINS

BLANC
Sancerre, Pouilly-Fumé, Sauvignon du Haut Poitou
D'1 an / servir à 8-9°

Rincez les cuisses de grenouilles. Faites-les tremper 15 mn dans de l'eau fraîche vinaigrée. Egouttez, essuyez et farinez pour achever de sécher. Secouez pour retirer l'excès de farine.
- Hachez fin l'ail et l'échalote. Mélangez-les.
- Faites préchauffer le plat 5 mn à toute puissance. Puis versez la moitié d'huile et de beurre avec le hachis. Faites cuire 1 mn, sans couvrir, pour attendrir.
- Retirez ensuite le hachis avec une spatule pour ne pas entraîner de matière grasse. Déposez les oignons et l'ail au chaud dans une assiette et couvrez.
- Faites réchauffer le plat à brunir 1 mn à pleine puissance. Rajoutez la moitié du reste de beurre et d'huile. Rangez-y les cuisses, enfournez pour 1 mn 30 d'un côté, couvertes. Puis retournez-les et saupoudrez-les de menthe ciselée (réservez une jolie sommité pour décorer), recouvrez et faites cuire 30 secondes, toujours à pleine puissance.
- Arrosez avec le vin et le lait, salez un peu et poivrez à votre goût. Remettez le hachis, couvrez et faites cuire 1 mn à th. 8.
- Sortez le plat. Versez tout le jus de cuisson dans un bol pour le faire un peu tiédir. Recouvrez les grenouilles et laissez-les reposer pendant que vous achevez la sauce.
- Déposez le jaune d'œuf dans le plus grand bol et versez dessus, peu à peu et en fouettant, le jus tiédi. Couvrez et enfournez pour 1 mn. Fouettez vivement avant de verser la sauce sur les grenouilles. Recouvrez et remettez dans le four à micro-ondes pour 30 secondes à th. 6.
- Laissez reposer 3 mn. Servez en parsemant de quelques feuilles réservées de basilic.

* Vous pouvez, pour faire plus léger, ne pas ajouter le jaune d'œuf. Pour remplacer son onctuosité, il faudra retirer la sauce dans le bol, la cuire à pleine puissance 1 mn 30 en la fouettant après ce temps et en la remettant dans le four pour 30 secondes.

** Vous pouvez remplacer le lait par de la crème fleurette, si vous n'utilisez pas de jaune d'œuf.

Pour 4 personnes
Préparation : 10 mn environ
Cuisson : 7 mn environ

Ingrédients :
- 8 rognons d'agneau entiers
- 2 tranches de lard de poitrine fumé sans couenne
- 1 c à soupe de beurre
- 2 oignons, 1 échalote
- 1 c à café de moutarde blonde
- 1 c à soupe de moutarde anglaise (en poudre)
- sel, cayenne, poivre
- le jus d'1/2 citron non traité
- 1 petit verre de Cognac
- 2 c à soupe de crème fraîche
- 4 toasts grillés et beurrés chauds

Matériel :
- 1 plat creux à brunir, du film étirable

Par personne :
577 calories/2414 K joules

VINS

ROUGE
Médoc, Graves, Chambertin, Monthélie
De 3 à 4 ans / servir à 15-17°

DEVILLED KIDNEYS (G.B.) ROGNONS A LA DIABLE

Préparez une marinade en mélangeant les 2 moutardes, le sel et le cayenne, le jus de citron.

- Pelez les rognons et dégraissez-les. Ouvrez-les en deux mais sans les séparer tout à fait. Retirez, avec un couteau pointu, les membranes du centre.
- Placez les rognons dans la marinade et retournez-les plusieurs fois pendant 1 heure afin qu'ils soient bien enrobés. Tenez à température ambiante.
- Hachez les oignons et l'échalote. Coupez en lardons la poitrine fumée. Réservez jusqu'à la fin de la marinade.
- Faites chauffer un plat à brunir creux. Mettez-y le beurre et faites chauffer 30 secondes à th. 6.
- Egouttez les rognons sur du papier absorbant. Ouvrez-les bien à plat. Ajoutez-les au plat, côté intérieur posé sur le fond. Remontez à th. 8. Laissez cuire 1 mn 30.
- Sortez le plat. Retournez les rognons, arrosez-les avec un peu de beurre, salez et poivrez. Couvrez, remettez au four et faites cuire 3 mn à th. 9.
- Sortez le plat. Découvrez. Versez ce qu'il reste de marinade.
- Faites chauffer le Cognac, versez-le sur les rognons. Flambez. Recouvrez ensuite avec le film. Laissez encore cuire 2 mn (ou 3 si vous aimez les rognons bien cuit).
- Retirez le plat, poudrez de cayenne. Goûtez la sauce pour rectifier l'assaisonnement. Recouvrez et laissez reposer 4 mn.
- Pendant ce temps, passez les toasts au grilloir et chauffez un plat de service.
- Une minute avant la fin du repos, ajoutez en mélangeant la crème ou le jus. Recouvrez pour 1 mn.
- Déposez les rognons dans une assiette. Rangez les toasts sur le plat. Beurrez-les légèrement puis arrosez-les de sauce.

Déposez une paire de rognons sur chaque tranche et servez immédiatement avec une salade fraîche.

ROULES DE PORC SAUCE TERIYAKI (JAPON)

Pour 4 personnes
Préparation : 12 mn - Cuisson : 14 mn

Ingrédients :
• 350 g de porc dans le filet
• le blanc de 8 poireaux moyens
• 1 gousse d'ail
• quelques tendres feuilles de chou vert
• 1 c à soupe d'huile d'arachide
• 1 c à soupe de vinaigre de cidre

Pour la sauce :
• 30 cl de saké
• 3 c à soupe de miel liquide
• 35 cl de sauce soja
• 1 ciboule
• 1 c à café de gingembre râpé

Matériel :
• 1 plat creux, du film étirable,
du papier absorbant
• 1 couteau très affûté,
de l'élastique-cuisine ou
des piques en bois,
1 plat rectangulaire

Par personne :
462 calories/1933 K joules

VINS

BLANC
Gewurztraminer de 3 à 4 ans / servir à 8-9°

Entreposez la viande au freezer 45 mn avant le commencement de la préparation afin de la raffermir (elle sera ainsi plus facile à couper finement).
• Mettez les feuilles de chou lavées côte à côte dans un plat avec 5 cuillères à soupe d'eau bouillante salée. Couvrez (couvercle ou film perforé). Placez le th. à 9 et faites blanchir 3 mn. Laissez reposer.
• Dans un plat, mettez les blancs de poireaux entiers avec 1 gousse d'ail épluché, 1/2 cuillère à café d'huile et 1 cuillère à soupe d'eau froide. Couvrez (couvercle ou film perforé). Faites cuire à th. 8 pendant 2 mn.
Laissez reposer pendant la préparation de la sauce :
• Mélangez le saké, le miel, le soja, la ciboulette hachée, le gingembre. Réservez.
• Egouttez les blancs de poireaux sur du papier absorbant.
• Sortez la viande, coupez-la en tranches fines que vous enroulez autour des blancs de poireaux. Fixez-les avec un élastique ou des cure-dents en bois.
• Déposez les "bâtons-poireaux" dans un plat rectangulaire de leur taille avec le reste d'huile en arrosage. Faites cuire, sans couvrir, 6 à 7 mn à th. 8.
• Lorsque la viande est bien cuite, retirez le plat, jetez le jus rendu et nappez de sauce.
• Couvrez le plat (film perforé ou couvercle) et faites cuire 2 mn à th. 7 dans le four à micro-ondes Toshiba.
• Laissez reposer 1 mn.
• Sectionnez alors les bâtons de poireaux entre chaque tranche (tronçons d'environ 5 cm).
• Déposez dans un plat de service avec les feuilles de chou trempées dans le vinaigre et égouttées. Nappez du reste de sauce.

TRUITE EN SAUCE EPICEE (JAPON)

pour 4 personnes
Préparation : 10 mn -
Cuisson : 10 mn 30

Ingrédients :
• 2 belles truites en filets
• 1 poivron vert, 1 oignon moyen
• 1 citron non traité
• 1 c à soupe de Maïzena
• 3 c à soupe d'huile d'arachide
• 1 c à café de miel liquide
• 1 c à soupe de miso
• 2 c à soupe de sauce soja
• quelques gouttes de Tabasco
• sel et poivre

Par personne :
210 calories/878 K joules

VINS

BLANC
Jurançon mœlleux, Cadillac,
Premières Côtes de Bordeaux
De 2 à 3 ans / servir à 9°

Epépinez le poivron, coupez-le en fines lanières. Emincez très finement l'oignon.
• Mettez-les dans un plat creux avec 1 cuillère à soupe d'huile. Salez et poivrez. Couvrez (couvercle ou film perforé) et mettez à cuire à th. 8 pendant 6 mn. Sortez et laissez reposer.
• Rangez les filets tête-bêche dans un plat long huilé (1 c 1/2). Arrosez du jus d'1/2 citron. Salez et poivrez très légèrement. Couvrez (couvercle ou film perforé). Faites cuire à th. 8 pendant 6 mn.
• Laissez reposer, couvert, pendant la préparation de la sauce :
Mélangez dans une coupelle la Maïzena, la 1/2 cuillère d'huile, le miel, le miso, la sauce soja, le Tabasco. Mettez à cuire à couvert pendant 1 mn à th. 8.
• Recouvrez les poissons de cette sauce. Entourez-les de lanières de poivrons et des lamelles d'oignons. Couvrez d'un film et mettez à réchauffer 30 secondes à th. 5.
• Servez avec des quartiers de citron et du daïkon râpé (vendu en petit flacon en épicerie japonaise [Daimaru]).

Pour 4 personnes
Préparation : 8 mn - Cuisson : 17

Ingrédients :
• 600 g de faux-filet
• 1 c à café d'huile d'arachide

Pour la marinade :
• 30 cl de sauce soja
• 1 petit verre de saké
• 2 c à soupe de vin blanc sec
• 1 c à café d'huile de noisettes
• 1 pincée de cinq-épices
• 1 échalote grise hachée

Pour l'accompagnement :
• quelques champignons séchés
• 1 morceau de gingembre au vinaigre
• 1 morceau de navet confit
• 1 bol de riz cuit

Matériel :
• 1 cocotte ovale (marinade),
1 coupelle (cuisson de la marinade),
1 petite cocotte (champignons),
1 plat à brunir, du papier sulfurisé
et du papier d'aluminium.

Par personne :
600 calories/2508 K joules

VINS

BLANC
Meursault grande année, Puligny-Montrachet
De 4 à 5 ans / servir à 10°

EMINCES DE BŒUF GINZA (JAPON)

Mélangez tous les ingrédients de la marinade et faites-y macérer, au frais et couverte, la pièce de viande pendant 3 h.
• Essuyez ensuite la viande et laissez-la quelques minutes à température ambiante. Le temps de faire réduire, dans une coupelle et couverte, la marinade pour 2 mn à th. 9. Laissez reposer découvert.
• Faites gonfler les champignons dans de l'eau bouillante et enfournez à th. 5, couvert, pendant 6 mn à 8 mn.
• Huilez la viande sur chaque face et déposez-la sur une assiette.
• Faites chauffer 6 mn le plat à brunir. Déposez alors la viande 20 secondes de chaque côté pour la saisir. Retirez-la sur l'assiette et couvrez-la.
• Refaites chauffer le plat à brunir à toute puissance 2 mn. Sortez-le et reposez la viande à nouveau quelques secondes de chaque côté.
• Couvrez, sans serrer, de papier sulfurisé et enfournez pour 20 secondes à th. 9.
• Sortez, enveloppez de papier aluminium, côté brillant à l'intérieur. Laissez reposer 1 mn puis découpez en lamelles très fines.
• Servez sur un joli plat, sobre de préférence, avec les lamelles de gingembre et de navet, le riz réchauffé au four à micro-ondes (2 mn à th. 8 ; laissez reposer, couvert, 3 mn) et les champignons égouttés.
• A part, vous offrirez du daïkon, la marinade froide et des jaunes d'œufs crus (de caille, si possible).

* Vous trouverez, comme nous, tous les produits japonais de notre photo, au magasin Daimaru, au Palais des Congrès ou chez Hédiard.

Pour 4 personnes
Préparation : 10 mn
Cuisson : 7 mn 15 environ

Ingrédients :
• 100 g de champignons noirs (shitakë)
• 700 g de turbot ou de carrelet
• 1 fragment de racine de gingembre
• 4 c à soupe de saké ou de mizin
• 1 petite boîte de châtaignes d'eau
• 1 tasse de thé de Ceylan
• 1 échalote grise
• 1 c à café d'huile d'arachide
• 1 pincée de glutamate ou de sel fin

Par personne :
250 calories/1045 K joules

VINS

BLANC
Chablis, Aloxe-Corton, Ladoix-Sérigny
De 4 à 5 ans / servir à 10°

SAKANA NO HOILEYAKI (JAPON)

Arrosez les champignons de thé bouillant. Laissez-les tremper, le temps de couper le poisson en petits morceaux égaux et d'émincer le gingembre.
• Faites macérer ensemble le gingembre et le poisson, puis égouttez les champignons et mettez-les dans la cocotte, avec le saké ou le mizin et laissez en attente.
• Egouttez les châtaignes d'eau. Hachez l'échalote.
• Préchauffez, à pleine puissance, le plat à brunir. Ajoutez l'huile et l'échalote hachée. Couvrez et faites cuire 1 mn à th. 9. Ajoutez le gingembre, couvrez. Laissez reposer 1 mn.
• Couvrez la cocotte et faites cuire les champignons 1 mn 30 à th. 8. Ajoutez l'échalote et le gingembre prélevés avec la spatule perforée, mélangez et faites cuire encore 1 mn. Laissez reposer, couvert.
• Disposez les morceaux de poisson sur le plat à brunir. Couvrez et faites cuire 45 secondes. Retournez, arrosez avec le jus de cuisson des champignons et les échalotes, couvrez et faites cuire 1 mn. Retournez tous les morceaux et recouvrez. Faites cuire 1 mn ou 1 mn 30, selon votre goût. Repos d'1 mn, toujours couvert.
• Retirez les champignons sur un plat et couvrez pour tenir au chaud. A leur place, et dans le reste de jus, mettez les châtaignes à réchauffer 1 mn à th. 7 (elles ne doivent pas recuire).
• Disposez les morceaux de poisson sur le plat chaud, à côté des champignons. Ajoutez les châtaignes et salez (ou saupoudrez de glutamate). Arrosez de tout le jus de cuisson.
• Servez aussitôt avec un riz au naturel.

* Vous trouverez les shitaké, le saké et les châtaignes d'eau dans toutes épiceries japonaises et les rayons exotiques des grands magasins.

INDEX

Achevé d'imprimer 2ème trimestre 1987.
Photographies : Hervé Amiard, André Bovet – Paris. Collaboration artistique : Jacqueline Saulnier.
Conception-Maquette : Jean-Jacques de Galkowsky.
Composition : Néotyp – Paris.
Photogravure : Leader Graphic – Paris.
Printed in Italy.

Nous remercions de leur aimable collaboration,
Toshiba – Quartz – Bullgomme – Pyrex.

PUBLICATION : JEAN-PIERRE TAILLANDIER.
Direction Technique : Marie-Noël Lézé.
ISBN 2.87636.000.4.